Diana Salzmann

Multifunktionale Freiräume

Öffentlicher Raum in den Innenstädten

Diplomica Verlag GmbH

**Salzmann, Diana: Multifunktionale Freiräume: Öffentlicher Raum in den Innenstädten.
Hamburg, Diplomica Verlag GmbH 2013**

Buch-ISBN: 978-3-8428-8461-8
PDF-eBook-ISBN: 978-3-8428-3461-3
Druck/Herstellung: Diplomica® Verlag GmbH, Hamburg, 2013

Bibliografische Information der Deutschen Nationalbibliothek:
Die Deutsche Nationalbibliothek verzeichnet diese Publikation in der Deutschen
Nationalbibliografie; detaillierte bibliografische Daten sind im Internet über
http://dnb.d-nb.de abrufbar.

© Diplomica Verlag GmbH
Hermannstal 119k, 22119 Hamburg
http://www.diplomica-verlag.de, Hamburg 2013
Printed in Germany

Abstrakt

Der öffentliche Raum ist die Lebensader und zugleich das Aushängeschild einer Stadt. Hier treffen die unterschiedlichsten Nutzer aufeinander. Dies führt des Öfteren zu Reibereien, besonders wenn es sich um ein Zusammentreffen mit den sozialen Randgruppen handelt. Trinker und Junkies sind in Parks und auf Plätzen nicht gerne gesehen, jedoch bilden sie eine Nutzergruppe die es in jeder Stadt gibt und die sich von diesen auch nicht entfernen lassen. Viele Städte versuchen dem übermäßigen, öffentlichen Alkoholkonsum mit rechtlich umstrittenen Satzungen zu begegnen die den Konsum verbieten. Das Ordnungsamt hat so die Möglichkeit zu reagieren und die Klientel der Plätze zu verweisen. Diese Taktik der Verdrängung führt aber lediglich zu einer Verlagerung der Problemstandorte und nicht zu einer Lösung des Problems. Entsprechend muss ein Weg gefunden werden die Szene in die städtischen Freiräume zu integrieren.

Diese Studie befasst sich mit den Freiflächen in der Siegener Innenstadt sowie einer Untersuchung und Analyse von zwei ausgewählten Flächen um die Nutzer und ihre Wünsche kennenzulernen und entsprechend zu nutzen.

Ziel ist eine Neuordnung sowie Neugestaltung beider Freiräume auch und vor allem im Hinblick auf die Integration der Szene.

A. Inhaltsübersicht

B. Inhaltsverzeichnis

C. Abbildungs- und Tabellenverzeichnis

1. Einleitung

Der öffentliche Raum. Ein Ort der Freiheit, der Erholung, ein Ort zum Spielen, zum Erleben, zum Ausruhen. Viel soll er bieten, und vor allem, für jeden soll er etwas bieten. Vom Kleinkind bis zum Rentner, jeder erhebt Anspruch auf seinen Platz im Stadtgefüge. In einer Zeit jedoch, in der bedingt durch die aktuelle Entwicklung des demographischen Wandels Wohnraum in den Städten immer knapper wird, stagniert auch das Angebot an Freiflächen. Diese werden oftmals dem Bau neuer Wohnanlagen geopfert und so treffen auf den verbliebenen Plätzen und Parks verschiedenste Nutzergruppen zusammen, die sich unter anderen Umständen aus dem Weg gehen würden. Rentner treffen auf jugendliche Punks, Mütter mit ihren Kindern auf Mitglieder sozialer Randgruppen. Das Konfliktpotenzial ist groß, doch Ausweichmöglichkeiten gibt es wenige. Eine Entspannung der Lage durch ein größeres Freiflächenangebot ist in den meisten Städten und so auch in Siegen nicht zu erwarten. Somit muss aus den bestehenden Flächen das möglichste herausgeholt werden.

1.1 Hintergrund

Öffentliche Räume so zu gestalten, dass sich möglichst alle Besucher derer auch an ihnen erfreuen. Das ist das Ziel der Planung, jedoch ist es ein schwieriges Unterfangen. Die verschiedenen Wünsche und Vorstellungen der unterschiedlichen Nutzer scheinen oftmals zu weit auseinander zu gehen. Eine Wiese, Blumenbeete, ein paar Bänke. Hier hört es oft schon auf. Kinder versucht man noch durch Spielgeräte zufrieden zu stellen, bei den Alten hofft man, dass die Wirkung der Blumen und eine Bank zum Sitzen, so scheint es zumindest, ausreicht. An wen gar nicht gedacht wird, dass sind die so genannten sozialen Randgruppen. Diejenigen, die sich an verschiedensten Orten in der Stadt treffen, zusammensetzen und scheinbar den ganzen Tag lang nur Bier trinken.
Doch gerade diese Gruppe hat sich zu einem der größten ‚Ärgernisse‘ des Ordnungsamtes entwickelt. Dieses fungiert hier stellvertretend für die Verwaltung, die ihre Stadt

natürlich nur von der schönsten Seite präsentieren will. als auch die Bürger, die Anstoß an dem Verhalten und vielleicht auch äußeren Erscheinung dieser Klientel nehmen.

Die momentan meistpraktizierte Art mit ihnen umzugehen ist sie von den Flächen, die sie in Anspruch nehmen, zu vertreiben. Man möchte nicht, dass sie sich z.b.: am Bahnhof aufhalten, deswegen schickt man sie weg. Ein paar Stunden später jedoch trifft man sie in einem Park, wo sie ebenfalls stören, und schickt sie erneut weiter.

Diese Handhabung ist für beide Seiten unbefriedigend und führt zu weiteren Problemen. So suchen sich die betroffenen Personen immer neue Plätze, an denen sie ungestört sind. Diese werden oft nicht sofort entdeckt, sodass sich dort durch Müllansammlungen und auch Fäkalien hygienische Probleme ausbilden können. Auch verliert man den Überblick über die Personen, vor allem über die, welche zudem obdach- und vollkommen mittellos sind und eventuell gesundheitliche Probleme entwickeln, bei denen sie Hilfe benötigen. Desweiteren verstärkt dies auch das negative Bild dieser Klientel in der Bevölkerung, wenn solche Aufenthaltsplätze dann entdeckt werden.

So entstand der Gedanke, dass es möglichweise helfen könnte, wenn man gezielt Plätze für diese Nutzergruppe schafft, an denen sie sich aufhalten können. Zum einen können die Vertreter der Stadtverwaltung dadurch Lösungen präsentieren und den Kreislauf des Vertreibens durchbrechen, indem sie die angetroffenen Gruppen nicht immer nur weiterschicken, sondern eine Alternative bieten. Zum anderen fällt es so auch leichter den Überblick zu behalten, betreffend der Anzahl und den besonderen Problemen der Personen die gemeinhin zu den sozialen Randgruppen zählen. Auch kann es karitativen Einrichtungen helfen schneller und einfacher hilfebedürftige Personen zu erreichen, die sich vielleicht noch nicht selbst an diese gewandt haben. Natürlich setzt hier eine Art von Kontrolle ein, die viele sicherlich nicht wollen. Wenn jedoch die Vorteile für beide Seiten überwiegen und man eventuell auch gemeinsam an der Gestaltung und Einrichtung dieser Plätze arbeitet, kann ein Gelingen, im Sinne davon, dass die Flächen angenommen und besucht werden, im Rahmen des Möglichen liegen. Dies zeigt auch ein

Beispiel aus Berlin, das im späteren Verlauf der Studie zusammen mit anderen Lösungsansätzen dargestellt wird.

1.2 Zielsetzung und Methodik

Das Ziel soll es sein, zwei Plätze in der Siegener Innenstadt so aufzuteilen und zu gestalten, dass sich die Bürger, egal welcher Alters- und Nutzergruppe sie angehören, dort gerne aufhalten. So sollen Kinder Plätze zum Spielen vorfinden, Erwachsene solche, die zum Ausruhen und Erholen einladen, sowie ihnen und auch Rentnern Möglichkeiten zur Freizeitgestaltung bieten. Für Menschen mit Behinderungen muss ein hohes Maß an Barrierefreiheit gegeben sein und schlussendlich soll auch die Klientel aus den sozialen Randgruppen einen Platz vorfinden, von dem sie nicht wieder vertrieben werden.

Fragestellung der Untersuchung

Das Interesse in dieser Studie beruht auf der Schaffung eines qualitativ wertvollen Miteinanders der verschiedensten Nutzergruppen. Welche Nutzer gibt es? Was erwarten sie von dem ihnen zur Verfügung gestellten Raum? Welche Probleme gab es bisher zwischen den Nutzern? Ziel ist es, anhand einer Untersuchung zweier Grünflächen in der Siegener Innenstadt, herauszufinden, wie man diese verbessern und sie somit attraktiver für die Einwohner machen kann.

Die zentrale Frage des vorliegenden Buchs lautet also:

Wie kann man öffentliche Plätze so gestalten, dass sich möglichst viele Nutzergruppen parallel dort aufhalten können und möchten?

Ein besonderes Interesse liegt hierbei auf den Umgang und die Einbindung der sozialen Randgruppen in dieses Vorhaben.

Zu beachten ist, dass dieses Buch hauptsächlich öffentliche Freiräume thematisieren soll und dass sich auch sämtliche Lösungsansätze hauptsächlich hierauf beziehen. Im Ausblick werden zwar noch weitere Ansätze vorgestellt, die man in der Zukunft untersuchen und aufgreifen könnte (z.B.: die Notwendigkeit von Fixerstuben), jedoch sind diese nicht relevant für die vorliegende Studie.

Methodik

Das Vorgehen in dieser Untersuchung teilt sich in folgende Bereiche auf:
1. Grundlagenerarbeitung zum Thema öffentlicher Raum und Nutzergruppen
2. Vorbereitung und Durchführung der empirischen Arbeit
3. Auswertung und Schlussfolgerung inklusive beispielhafter Vorschläge zur nutzungsgerechten Gestaltung

Zuerst wurden unter Verwendung zahlreicher Primärquellen, wie Monografien, Artikeln aus Fachzeitschriften und Tageszeitungen, sowie Internetseiten, die Grundlagen zur Bedeutung öffentlicher Räume zusammengetragen und eine Auflistung, der in der Siegener Innenstadt vorhandenen Freiflächen, zusammengestellt. Die erarbeiteten Grundlagen finden sich unter Kapitel 2.

Im weiteren Verlauf wurde die empirische Arbeit vorbereitet und durchgeführt. Um eine speziell auf den Forschungsgegenstand abgestimmte Vorgehensweise zu ermitteln, bedurfte es gezielter Abwägung. Die Entscheidung fiel dabei auf eine qualitative Art und Weise der Methodik. Die Beobachtung und Befragung, genauer das problemzentrierte Leitfadeninterview, wurden als ideale Datenerhebungsmethode aus den vielfältigen Untersuchungsansätzen der qualitativen Sozialforschung ausgewählt. Befragt wurden sowohl Nutzer als auch Mitarbeiter öffentlicher Institutionen und der Verwaltung. Zusammen mit der Beobachtung ermöglichte dies den Stand der Freiraumversorgung sowie Verbesserungsmöglichkeiten zu untersuchen.

Die Auswertung erfolgte nach einer auf die vorliegende Studie angepasste, von LAM-NEK vorgeschlagenen, Vorgehensweise zur Auswertung und Analyse qualitativer Interviews.[1]

Die gewonnenen Erkenntnisse wurden verwendet, um im vorletzten Kapitel Vorschläge zu erarbeiten, wie zwei ausgewählte Freiflächen in der Siegener Innenstadt, entsprechend der gestellten Frage dieser Untersuchung, verändert und somit zur Zufriedenheit der Nutzer verbessert werden könnten.

1.3 wo sich dieses Buch sieht

Das Thema der Frei- und Grünflächenplanung ist ein weites Feld. Viele Publikationen handeln davon, wie man den öffentlichen Raum ansprechend gestaltet und in den Behörden der Gemeinden und Städte gibt es hierfür eigene Abteilungen. In Zürich z.b. widmet man sich den Freiflächen mit einer besonders hohen Aufmerksamkeit. „Seit 2007 führt das Tiefbauamt jedes Jahr eine Bevölkerungsbefragung zu den Qualitäten aufgewerteter und umgestalteter Stadträume durch."[2]

Doch beziehen sich sämtliche gesichteten Veröffentlichungen in Zeitschriften zumeist lediglich darauf, wie man die 99% der Gesellschafft zufriedenstellt, die man auch gerne dort antrifft, wobei auch hier bereits Kinder und Rentner öfter ausgelassen werden. Zu Beginn dieser Studie wurden ca. 20 Städte verschiedenster Größen angefragt (z.B.: Koblenz, Mainz, Frankfurt, Stuttgart), ob sie zu diesem Thema bereits eigene Forschungen angestellt haben oder wie sie mit dieser Problematik umgehen. Die meistgegebene Antwort war Nein: Nein haben wir nicht, nein werden wir nicht, nein funktioniert nicht. Entsprechend schwierig war es, Sicherheit für die eigene Planung zu gewinnen bzw. einen Vergleich zu finden, wie andere mit der gestellten Frage dieser Untersuchung umgehen.

---

[1] Lamnek 2010: S. 366 ff.
[2] Zürich 2011

Vor allem drei Bereiche beschäftigen sich mit der Thematik der öffentlichen Räume und ihrer Nutzer. Die Architektur bzw. die Stadt- und Raumplanung, die Soziologie sowie die Geographie. Eines der wichtigsten Werke für den Umgang mit öffentlichen Räumen aus der Stadtplanung ist „Der Städtebau nach seinen künstlerischen Grundsätzen" von Camillo Sitte aus dem Jahr 1889. Über 100 Jahre alt findet es jedoch immer noch Anwendung, wenn es darum geht, sich mit den Grundzügen von städtebaulicher Planung, aus der zum Teil künstlerischer Sicht, auseinander zu setzen. Die Soziologie beschäftigt sich indes unter anderem mit Freiraumverhalten und den Ansprüchen, die Menschen an ihre (gebaute) Umwelt haben. Die Veröffentlichungen, die die sozialen Randgruppen insbesondere ihrer Definition betreffen, stammen zumeist aus den 70er- und 80er-Jahren. Neueres Material hierzu entwickelt sich gerade erst und beinhaltet größtenteils Studien, die Städte in Auftrag geben, um sich einen Überblick über ihre eigene Situation zu verschaffen.

Das Problem der sozialen Randgruppen im öffentlichen Raum ist kein neues, wie sich in verschiedensten Veröffentlichungen und Studien zeigt. Wie man sie allerdings in diesen integriert, ohne weiterhin die gewohnte Praktik des weg schicken zu verfolgen, schon.

Dieses Buch setzt also zum Teil dort an, wo andere nach wie vor lieber die Augen verschließen. Sie soll anhand der Freiflächen in Siegen aufzeigen, welche praktischen Möglichkeiten es gibt, um eine Verbesserung der Situation für die Nutzer der Stadt und ihre öffentlichen Räume herbeizuführen.
Die Untersuchung und Gestaltung der beiden ausgewählten Flächen - Bertramsplatz und Oranienpark - funktioniert zwar nach den bekannten Mustern und mit gewohnten Hilfsmitteln, jedoch sollen diesmal auch die 1% der Einwohner Siegens mitberücksichtigt und involviert werden, die für gewöhnlich gerne von solchen Orten ferngehalten werden.

1.4 Aufbau der Studie

Die vorliegende Studie gliedert sich in acht Kapitel. Nach der Einleitung beginnt sie mit einem Überblick über die Gesamtheit des öffentlichen Raums: Was definiert ihn, für wen ist er da und was wird von ihm erwartet. Desweiteren wird bereits hier auf die in Siegen zur Verfügung stehenden Freiflächen eingegangen.

Im Anschluss in Kapitel drei werden die sozialen Randgruppen betrachtet. Was macht eine Gruppe zu einer sozialen Randgruppe, wie setzt sie sich in Siegen zusammen und wo halten sie sich im öffentlichen Raum auf. Ein gemeinsames Fazit von Kapitel zwei und drei erläutert abschließend weshalb sich der Betramsplatz und Oranienpark besonders für eine Analyse zur Beantwortung der dieser Studie zugrunde liegenden Frage eignen.

Kapitel vier geht ausführlich auf das methodische Vorgehen der empirischen Arbeit ein. Von der Auswahl des Forschungsdesigns, über die Vorbereitung und Durchführung der Studien sowie die gewählte Art der Auswertung wird dem Leser ein detaillierter Einblick gewährt.

Mit Kapitel fünf schließt sich die empirische Arbeit an. Zunächst werden die bereits ausgewählten Flächen ausführlich beschrieben und bezüglich ihrer Größe, aktueller Ausstattung usw. analysiert. Die Ergebnisse der Beobachtungen und Interviews werden ebenfalls in diesem Kapitel dargestellt.

Kapitel sechs stellt das Vorgehen von anderen Städten bezüglich der Forschungsfrage vor bzw. beschreibt den alternativen Umgang mit dem Thema.

Mit den Handlungsoptionen und den planerischen, gestalterischen Vorschlägen wird in Kapitel sieben die gestellte Frage beantwortet, bevor in Kapitel acht das Buch mit Fazit und Ausblick abgeschlossen wird.

2. der öffentliche Raum

"Die Straßen in den Großstädten haben noch viele andere Funktionen außer der einen, Platz für Fahrzeuge zu bieten, und die Bürgersteige (...) haben noch viele andere Funktionen, außer Platz für die Fußgänger zu bieten. (…) Ein Bürgersteig in einer Großstadt ist, für sich genommen, ein leerer Begriff. Erst im Zusammenhang mit den angrenzenden Gebäuden und mit deren Nutzung oder erst in Verbindung mit der Benutzung anderer Bürgersteige in der Nähe gewinnt er Bedeutung. (…) Die Straßen und ihre Bürgersteige sind die wichtigsten öffentlichen Orte einer Stadt, sind ihre lebenskräftigsten Organe. Was kommt einem, wenn man an eine Großstadt denkt, als erstes in den Sinn? Ihre Straßen. Wenn die Straßen einer Großstadt uninteressant sind, ist die ganze Stadt uninteressant; wenn sie langweilig sind, ist die ganze Stadt langweilig." [3]

Bei öffentlichem Raum in der Stadt denken die meisten in erster Linie an Plätze und Parks. Wie dieses Zitat von Jane Jacobs jedoch zeigt, umfasst öffentlicher Raum weit mehr als das. Eine Definition ist schwierig und auch die Tatsache, dass es keine juristisch einwandfreie Bestimmung des Begriffes gibt, zeigt die Komplexität dieses Themas. Allgemein verständlich ist folgende Erklärung: „Mit öffentlichem Raum (auch öffentlichem Bereich) wird der ebenerdige Teil einer Gemeindefläche, oder einer Körperschaft des öffentlichen Rechts verstanden, der der Öffentlichkeit frei zugänglich ist und von der Gemeinde bewirtschaftet und unterhalten wird. Im Allgemeinen fallen hierunter öffentliche Verkehrsflächen für Fußgänger, Fahrrad- und Kraftfahrzeugverkehr, aber auch Parkanlagen und Platzanlagen." [4]

Einen Schritt weiter geht der italienische Architekt Giambattista Nolli mit seiner ‚Pianta Grande di Roma' aus dem Jahr 1748. In seiner Darstellung des römischen Stadtgrundrisses ließ Nolli sämtliche Flächen die für jedermann, also in seiner strengsten Form öffentlich zugänglich da nicht durch Mauern oder ähnlichem abgesperrt sind, weiß. Dies

---

[3] Jacobs 1963:S. 27
[4] Wikipedia 2012

umfasst neben Plätzen und Straßen auch Innenhöfe eigentlich privater Palais sowie gar das Pantheon, welches damals wie heute nicht als frei zugänglich gilt.

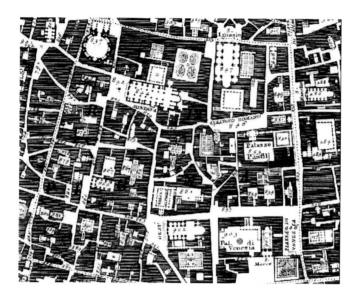

Abbildung 1 Ausschnitt aus dem 'Pianta Grande di Roma' Giambattista Nollis von 1748 (University of Oregon 2005)

Die Definition von öffentlichem Raum kann also sehr unterschiedlich sein. Auch Cafes, Restaurants und Einkaufszentren können als öffentlicher Raum angesehen werden, da sich dort jeder aufhalten kann, der möchte, solange er, und dies ist die große Einschränkung, sich an die Regeln des Besitzers hält. Die vorliegende Studie lässt diese ‚Sonderformen' jedoch außer Acht und beschäftigt sich im weiteren Verlauf hauptsächlich mit Grünflächen, besonders dem Bertramsplatz und dem Oranienpark.

Diese sowie neun weitere Flächen werden im Folgenden noch genauer dargestellt.

2.1 Geschichte und Entwicklung des öffentlichen Raums

Die Geschichte der Stadt beginnt in Europa im antiken Griechenland und mit ihr auch die Geschichte des öffentlichen Raums. Hier wurde die Aufteilung in öffentlich und privat gefestigt, wie sie bis heute beibehalten wurde und auch ihren Weg nach Amerika fand.

In der Antike kam den Plätzen, der Agora, eine besondere Stellung zu. Hier fanden nicht mehr nur Versammlungen statt, sondern wurden nun auch politische Entscheidungen vom Volk getroffen. Auch wurden sie teilweise als Marktplätze genutzt. Angrenzend an die Agora fanden sich zumeist öffentliche Gebäude mit großer Bedeutung. Ebenso in Rom. Das Forum war wie die griechische Agora ein öffentlicher Platz, umgeben von wichtigen öffentlichen Gebäuden wie den Tempeln, Markthallen sowie auch Schulen und öffentlichen Bädern.

In den im Mittelalter neu gegründeten Städten bildete der Marktplatz mit dem Rathaus, umgeben von den Häusern der Reichen und Mächtigen, den Mittelpunkt der Stadt. Eines der wohl bekanntesten Beispiele hierfür ist der Piazza del Campo in Siena mit dem das Bürgertum seine Macht darstellen wollte.

In der Zeit des Barock und des Absolutismus vertiefte sich diese Inszenierung noch weiter. Die ganze Stadt diente einer Zurschaustellung der Macht des Staates und so wurden auch die öffentlichen Plätze angeordnet und hergerichtet. Eines der wohl bekanntesten Beispiele für die Inszenierung von Macht und Reichtum dieser Zeit ist das von König Ludwig dem XIV. erbaute Schloss Versailles mit seinen Garten- und Parkanlagen. Diese waren damals zwar nicht öffentlichen zugänglich, zeugen aber immer noch von dem Pomp der damaligen Zeit. Auch bei den ersten Umbauten von Paris um 1600 ging es hauptsächlich um die zur Schau Stellung der königlichen Macht wie beim Bau des Place de Royale, der schlussendlich von Wohnbebauung für die besseren Gesellschaftsschichten eingefasst wurde. Ebenfalls in Paris entwickelten sich Anfang des 17. Jahrhunderts die ersten Boulevards. Eigentlich am Rand der Stadt angelegt, als Grenze zwischen Stadt und Land, wurde der Boulevard St. Antoine sehr schnell zu einem beliebten Aufenthaltsort, um der Enge der Stadt zu entkommen. Weitere öffentliche

Räume wie Vergnügungsparks und Lustgärten entstanden, an denen sich die Einwohner, zumeist die besser situierten, zeigen konnten.

In den folgenden Jahren schritt die industrielle Entwicklung immer weiter fort. Die dekadente Zeit des Barocks ging vorbei und mit ihr auch einstweilen die prunkhafte Gestaltung der Plätze in den Innenstädten. Immer mehr Menschen drängten in die Städte, in denen um 1900 sehr schlechte Lebensbedingungen herrschten. Mit umfangreichen Reformen wollte man dem entgegenwirken und so entstanden auch die ersten Werksiedlungen wie Saltaire in Bradford, die wohl bekannteste Siedlung dieser Art. Wichtig und interessant im Zusammenhang mit dem Thema der öffentlichen Räume ist, dass der Unternehmer Titus Salt nicht nur Wohnungen für seine Arbeiter bauen, sondern die Siedlung auch mit Gärten, Parkanlagen und Sportflächen versehen ließ die für jedermann zugänglich und auch explizit nicht nur für eine bessere Gesellschaftsschicht geplant waren.

Weiter ging da nur die Gartenstadtbewegung, auf die hier nur insofern eingegangen werden soll, als dass ein komplettes Leben im Grünen vorgesehen war und neben dem jedem Haus zur Verfügung stehenden eigenen Garten großzügige Parkanlagen für die Öffentlichkeit geplant wurden.

Schon einige Jahre vor der ‚Entstehung‘ der Gartenstadt veröffentlichte 1989 der Architekt Camillo Sitte sein Buch „Der Städtebau nach seinen künstlerischen Grundsätzen“. Mehr als alle anderen setzte er sich mit der Gestaltung von Straßen und Plätzen den, wenn man so will Hauptakteuren des öffentlichen Raumes auseinander. Bis heute fließen seine Gedanken und Analysen zur Gestaltung des städtischen Raums mit in die (Um-) Planungen von Städten ein.

Nachdem der Marktplatz das Mittelalter dominierte, Staat im Absolutismus seine Macht durch Prunk gezeigt hatte, die gesellschaftlich Bessergestellten ihren Reichtum zur Schau gestellt hatten, fungierte der öffentliche Platz, lange nachdem die Zeit der antiken Reiche Griechenland und Rom beendet war, erneut als Platz der Politik. Jedoch nicht durch Volksabstimmungen, sondern durch die Darstellung politischer Macht während der beiden Weltkriege Anfang/ Mitte des 20. Jahrhunderts. Paraden und Ansprachen wurden auf den Plätzen der Städte (ab-)gehalten. Propaganda prangte an Hauswänden und ganz salopp wurde damals bereits die große Werbewirksamkeit von öffentlichen Räumen genutzt, wie wir sie heute vom Times Square in New York oder dem Picadilly Circus in London kennen.

Heute macht man sich Sorgen um den öffentlichen Raum und dessen Zukunft. Man spricht von einer Entleerung der Städte sowie einem Funktionsverlust „Symbole dieses Funktionsverlustes sind zweifellos die gut erreichbaren großen Einkaufszentren auf der grünen Wiese, von denen es inzwischen, je nach Zählweise, zwischen 200 und 380 gibt. Ihnen bzw. dem durch sie bewirkten Kaufkraftabzug aus den Städten wird die Hauptlast am Massensterben kleiner und kleinster betriebsformen im Einzelhandel und am dro-henden Veröden ganzer Innenstadtbereiche zugeschrieben."[5] und entwickelt Strategien um diesem zum Teil selbstgeschaffenen Problem entgegen zu wirken.

Hier wären z.B.: die immer öfter in den Sommermonaten in Erscheinung tretenden Beach Bars in den Innenstädten die ein Gefühl von in die Ferne schweifen vor der eigenen Haustür bieten sollen. Auch sommerliche Veranstaltungen wie Open Air Kinos oder zu besonderen Ereignissen public viewings sollen dazu beitragen wieder mehr Leben in die Innenstädte und damit auch in den innerstädtischen öffentlichen Raum zu bringen.

2.2 Bedeutung des öffentlichen Raums für Stadt und Einwohner

Der öffentliche Raum hat für eine Stadt viele Bedeutungen. Er ist ein Aushängeschild gegenüber Touristen und Neuankömmlingen und somit sicher auch ein weicher Stand-ortfaktor, er sorgt für Identifikation der Einwohner mit ihrer Stadt/ ihrem Dorf, er ist Veranstaltungsort und Marktplatz, Ort der Erholung und Ort für Freizeitaktivitäten.

---

[5] Harlander und Kuhn 2005:S. 234

STEPHEN CARR unterteilt ihn in drei Bereiche bzw. sagt, dass drei kulturelle Kräfte das öffentliche Leben teilen und damit auch die Nutzung des Raumes. Die erste ist eine soziale Kraft, die sich hauptsächlich auf das soziale Leben innerhalb einer Gemeinde konzentriert. In Parks und an Promenaden, überall wo etwas gefeiert wird ist sie anzutreffen. Die zweite ist eine funktionelle Kraft, die der Versorgung der Nutzer dient. Man findet sie auf den Straßen und Marktplätzen. Die dritte Kraft schließlich ist die symbolische Form des öffentlichen Lebens. Sie entwickelt sich an Feiertagen und z.B. bei Paraden zu Ehren besonders Verdienter.[6]

Public life is highly valued in San Miguel d'Allende, Mexico. (Stephen Carr)

Abbildung 2 social force (Carr 1992)

Functional public life can also serve social needs. A market in Campo dei Fiori, Rome. (Stephen Carr)

Abbildung 3 functional force (Carr 1992)

Symbolic public life in Bali where villagers carry the gods to the sea for ritual purification on the day before their New Year's celebration. (Stephen Carr)

Abbildung 4 symbolic force (Carr 1992)

---

[6] Carr 1992: S. 26 ff.

Öffentlicher Raum bedeutet für den Benutzer in erster Linie Erholung. Ob der Tourist im Urlaub oder der Anwohner in seiner Freizeit, ob beim Entspannen im Park oder beim sportlichen Auspowern- jeder erholt sich auf seine Weise vom stressigen Alltag. Nach Prof. Dr. HEINRICH HAASS ist hierbei das konventionelle und auf mittelalterlichem Arbeitsethos beruhende Denken, Erholung ist der Lohn nach getaner Arbeit, aufzugeben.[7] Immer mehr verschmelzen Arbeit, Wohnen und Erholung miteinander, sodass sich auch die Zeiten der Freiraumnutzung ändern. Schnell mal zwischendurch in den Park, dies ist allerdings nur dann möglich, wenn ausreichend Freiräume vorhanden sind, die ein schnelles Erreichen auch möglich machen. Es hat sich gezeigt, dass im Stadtraum maximal 300m zurückgelegt werden, um die nächste Grünfläche zu erreichen, wenn diese nichts Besonderes bietet. Ähnlich verhält es sich auch mit anderen öffentlichen Räumen und Freizeitstätten: „Eine Untersuchung über den Besuch von Talsperren im Sauerland (Tiedt 1992) ergab z.B., dass die Leute insgesamt von weit her kamen (vereinzelt bis zu 150 km!), aber es zwischen ihnen erhebliche Unterschiede gab je nach dem Grund, weshalb sie die Talsperre besuchten. Jene, die nur zum Spaziergang gekommen waren, hatten meist nicht mehr als 10 km Anfahrtsweg zurückgelegt, jene, die baden wollten, immerhin schon bis zu 20 km, und schließlich jene, die Wassersport treiben wollten, rund 40 km."[8]

Für die beiden zu untersuchenden Fälle in der vorliegenden Studie werden sicherlich nicht derartige Fahrtstrecken zurück gelegt. Jedoch verdeutlicht dieses Beispiel sehr gut, wie unterschiedlich die Entfernungssensibilität, je nach Angebot und eigenem Interesse, ist. Um auch für Personen außerhalb des bereits angesprochenen 300 m Radius attraktiv zu wirken, muss mehr als eine geteerte Fläche geboten werden. Inwiefern dies auf die öffentlichen Räume in der Siegener Innenstadt zutrifft, zeigt sich in Kapitel 2.4.

---

[7] Haass 1997; S. 293
[8] Tessin 2004; S.78 f

2.3 Nutzergruppen und ihre Ansprüche

„By studying the eighteenth-century painting of the Piazza San Marco by Canaletto (1697-1768), it is possible to identify clusters of people engaged in conversations, others crossing the piazza, some observing the activity, children running about and playing, dogs stretched out in the sun, and what appear to be vendors along the edges."[9]

Abbildung 5 Gemälde Piazza San Marco von Canaletto (KUNSTKOPIE.DE 2012)

Betrachtet man eine aktuelle Fotografie des Piazza San Marco, hat sich daran auch bis heute nichts Wesentliches geändert.

Abbildung 6 Fotografie Piazza San Marco (Imboden 2012)

---

[9] Carr 1992; S. 22

21

Dies gilt natürlich nicht nur für derart prominente Plätze wie den Piazza San Marco, sondern lässt sich auch auf den kleinsten Platz eines Dorfes runter brechen. Denn entsprechend den vielfältigen Bedeutungen, die der öffentliche Raum für die Stadt hat, gibt es auch eine große Anzahl an Nutzergruppen die zum Teil nicht unterschiedlicher sein könnten. Dieses Unterkapitel widmet sich einer allgemeinen Aufstellung derer und der Ansprüche, die die Gruppen an den Freiraum und seine Umgebung haben. In wie weit sich diese Nutzergruppen in den, dieser Studie zugrunde liegenden Untersuchungsgebieten wiederfinden, wird in Kapitel fünf, der empirischen Untersuchung, aufgezeigt.

Kinder

Diese Nutzergruppe ist die vielleicht anspruchsvollste. Kinder wollen unterhalten werden, sie wollen spielen und sich austoben. Gleichzeitig muss die Umgebung sicher sein. Kinder sind unbedarft und achten beim Spielen nicht auf ihre Schritte, dementsprechend müssen die Verantwortlichen dafür Sorge tragen, dass das Gefahrenpotenzial möglichst gering bzw. nicht vorhanden ist.

Jugendliche

Im Gegensatz zu Kindern liegen die Interessen von Jugendlichen nicht mehr im Spielen und Toben. Sie suchen eher einen Platz, an dem sie sich mit Freunden treffen und dabei möglichst ungestört von Erwachsenen sein können. Hier herrscht auch das größte Konfliktpotential. Probleme mit der Einhaltung des Jugendschutzes z.B.: durch Alkoholkonsum oder Beschwerden von anderen Nutzern über zu hohe Lautstärke, verursacht durch die Jugendlichen.

Erwachsene

Diese nutzen öffentliche Räume häufig zum Verweilen. Im Sommer in der Sonne sitzen, lesen, Ruhe finden sowie oft auch sportliche Betätigung. Dies findet nicht nur nach der Arbeit oder am Wochenende statt, auch die Mittagspause wird hierfür genutzt. Dafür müssen die Freiräume allerdings auch nah genug an der Wirkungsstätte liegen damit die begrenzte Zeit möglichst intensiv genutzt werden kann.

Familien

Für Städte sind nach wie vor die Familienfreundlichkeit bzw. familienfreundliche Wohngegenden ein entscheidender Standortfaktor. Dies bedeutet, dass die Wünsche von Kindern mit denen von Erwachsenen vereinbar sein sollten. Kinder müssen Möglichkeiten zum Spielen vorfinden, Eltern müssen sich sicher sein, dass ihr Nachwuchs dabei eine möglichst sichere Gegend vorfindet. Wenn Aufsichtspersonen die Kinder begleiten, sollten für diese Sitzgelegenheiten vorhanden sein. Diese müssen so konzipiert, sein dass die Kinder im Auge behalten werden können und man sich auch mit anderen Eltern unterhalten und so soziale Kontakte pflegen kann.

Rentner

Rentner gehören ebenfalls zu den Erholungsnutzern. Spazieren gehen, verweilen, aber auch gemeinsame Aktivitäten mit anderen, wie beispielsweise Sport und Spiel gehören zu den bevorzugten Nutzungsarten dieser Gruppe. Auch werden im öffentlichen Raum soziale Kontakte gepflegt. „Das Risiko der sozialen Ausgrenzung im Alter ist für eine wachsende Gruppe von Menschen hoch, denn mit zunehmender Mobilitätseinschränkung verbringen sie vornehmlich ihre Zeit in der eigenen Wohnung. Deshalb müssen das nähere Umfeld und die Infrastruktur dort so geschaffen sein, dass Erledigungen des täglichen Bedarfs und die Gestaltung des Lebens in unmittelbarer Nähe verwirklicht werden können. Vereinsamung und Ausgrenzung sind die Folgen, wenn dieses nicht gegeben ist."[10]

Barrierefreiheit spielt im zunehmenden Alter ebenfalls eine immer wichtigere Rolle, da die körperliche Mobilität teilweise stark eingeschränkt ist.

Behinderte

Neben gestalterischen Ansprüchen, wie sie jeder an seine Umgebung hat, muss der öffentliche Raum für Menschen mit Behinderungen noch weitere Anforderungen erfüllen. „Das Behindertengleichstellungsgesetz verlangt Barrierefreiheit für den öffentlichen Raum und stellt dabei fest: Barrierefrei sind bauliche Anlagen, wenn sie für behin-

---

[10] Stadt Moers 2006; S.11

23

derte Menschen in der allgemein üblichen Weise, ohne besondere Erschwernis und grundsätzlich ohne fremde Hilfe zugänglich und nutzbar sind."[11]

Für Gehbehinderte bedeutet dies ausreichend befestigte Wege, um ein selbstständiges Fortkommen auch im Rollstuhl ermöglichen. Auch für Sehbehinderte ist dies ein wichtiges Kriterium, die der öffentliche Raum erfüllen muss. Stolperfallen müssen soweit es geht beseitigt und unterbunden werden

Touristen

Touristen entdecken und erleben die Stadt durch ihren öffentlichen Raum. Für die Städte bedeutet die Gestaltung an dieser Stelle vor allem auch Imagepflege. Touristen gehören nicht unbedingt zu denjenigen, die längere Zeit auf einer Parkbank sitzen, jedoch spazieren auch sie gerne durch Parks oder verweilen an schönen Orten.

Soziale Randgruppen

Da diese Gruppe einen besonderen Stellenwert in dieser Studie einnimmt, wurde ihr ein eigenes Kapitel gewidmet, in dem gesondert auf ihre Belange eingegangen wird.

2.4 Freiflächen im Bereich der Siegener Innenstadt

Der Bereich der Siegener Innenstadt definiert sich in der vorliegenden Studie entsprechend dem Geltungsbereich des IHaKo- des innerstädtischen Handlungskonzeptes. Demzufolge werden auch nur Grün- und Freiflächen innerhalb des IHaKo betrachtet. Ein Plan der diesen Geltungsbereich darstellt ist im Anhang angefügt.

In diesem Bereich finden sich aktuell elf entwickelte, sogenannte qualifizierte Flächen, die im Folgenden näher beschrieben werden. Zur besseren Übersicht sind die Flächen hier und auch entsprechend im Plan (siehe Anhang) nummeriert.

---

[11] Dr. Behling; 2009: S.1

1. Am Markt

Durch große Treppen verbunden, verteilt sich die Fläche an der Nikolaikirche auf mehreren Ebenen. Die Treppen werden gerne als Sitzgelegenheit genutzt und die ganze Anlage ist vor allem im Sommer gut besucht. Dies verdankt sie auch ihrer präsenten Lage am Rathaus und der Nikolaikirche in der Oberstadt, die ein Anlaufpunkt nicht nur für Einheimische sondern vor allem auch für Touristen ist. Im oberen Bereich ist die Anlage durch Bäume und Büsche stark begrünt, mit einem Schachbrett und Bänken ausgestattet, im unteren Bereich mit einem Springbrunnen versehen.

2. Schlossgarten

Diese parkähnliche Anlage am Oberen Schloss ist die wohl populärste und in den Sommermonaten überfüllteste Freifläche in der Siegener Innenstadt. Innerhalb der Stadtmauer finden sich Liegewiesen, die von Spazierwegen durchkreuzt und mit Blumenbeeten versehen sind. Sitzbänke finden sich dort ebenso wie Spielgeräte und eine Bühne. Der Schlossgarten ist ein beliebtes Ziel für Touristen wie auch für Einheimische, die dort ihren Sonntagsspaziergang vollziehen.

3. Energiepark

Dieser Park, geschaffen vom RWE als Pausenaufenthaltsbereich für die Mitarbeiter, ist eine öffentlich zugängliche Grünfläche in privater Hand. Sie ist planerisch gestaltet und wird regelmäßig gepflegt.

4. Bertramsplatz

Der Bertramsplatz liegt in unmittelbarer Nähe zum Energiepark. Er ist an zwei Seiten von Bäumen umgeben und mit einem Spielplatz sowie drei Parkbänken ausgestattet. Er liegt sehr zentral an der Sandstraße und ist die einzige nutzbare Freifläche dieser Art in einem Umkreis von 200 Metern.

5. Martinikirche

Die die Martinikirche umgebenden Grünflächen sind mit Fußwegen durchzogen und von der alten Stadtmauer begrenzt. Es finden sich wenige Bänke sowie ein Sandspielplatz. Dieser ist jedoch durch die hohen Bäume stark verschattet und bildet dadurch eher einen Angstraum als einen Raum zum Spielen für Kinder.

6. Oranienpark/ Weiß-Flick'sches Grundstück

Eine parkähnlich gestaltete Grünanlage, die durch Fußwege eine Verbindung zwischen Oranien- und Spandauerstraße schafft. Sie ist ebenfalls recht zentral in der Unterstadt gelegen. Die alten hohen Bäume sind aus freiraumplanerischer Sicht zwar sehr wertvoll, jedoch kommen sie im Oranienpark nicht richtig zur Geltung. Der vorhanden Spielplatz wirkt sehr vernachlässigt und lädt nicht unbedingt zum Spielen ein. Von Ortsansässigen auch als „Penner-Park" bezeichnet, ist der Oranienpark sicherlich in seinen Möglichkeiten stark unterschätz.

7. Siegberggärten

Hier findet sich eine sehr große bewaldete Fläche in der Innenstadt am Siegberghang. Ehemalige, nun nicht mehr bewirtschaftete, Gärten und ein großes Waldgrundstück bergen ein sehr hohes Potential in einer prominenten Lage.

8. Hochbehälter am Oberen Schloss

Ein großes Wiesengrundstück angrenzend an den Parkplatz des Oberen Schlosses, welches bisher so gut wie ungenutzt ist. Hier liegt sicherlich Potenzial, um den Einwohnern und auch Besuchern Siegens eine weitere Grünfläche zu bieten.

9. Außenbereich am Parkhotel

Zwischen dem Parkhotel und der Koblenzer Straße finden sich große Rasenflächen, die durch Fußwege unterbrochen und mit zwei Sandspielflächen ausgestattet sind. Zur Straße hin werden die Flächen durch alte, hohe Bäume abgegrenzt.

10. Grünzug Freudenberger Straße

Von der Tiergartenstraße über den Tunnel hin zur Freudenbergerstraße findet sich hier eine Rasenfläche. Von Fußwegen durchzogen und mit Baumreihen gestaltet, ist der Grünzug zwar eine gepflegte, jedoch kaum wahrgenommene Fläche.

11. Siegen- Zu neuen Ufern

Dies umfasst den Bereich der Fußgängerzone, Bahnhofstraße und Kölner Straße sowie das Kölner Tor, den ZOB und den Maria-Rubens- und Scheinerplatz. Im ‚Herz‘ von Siegen gelegen, kommt an diesen Bereichen eigentlich keiner vorbei. Dementsprechend vielfältig sind die Nutzer und die Nutzungsmöglichkeiten. Im Zuge der Planung, der in den nächsten Jahren stattfindenden Neugestaltung, wurde vieles überdacht und überarbeitet. Wichtig ist, dass sich die Gestaltungen anderer Plätze und Flächen in Siegen an dem für dieses Projekt erarbeitete ‚Corporate Design‘ orientieren sollten, um eine Stimmigkeit durch das gesamte Stadtbild hinweg zu erlangen.

Ein weiterer, im Anhang zu findender, Plan zeigt den Einzugsbereich, der in der Siegener Innenstadt zu findenden öffentlichen Flächen.

Legt man die in der DIN 18034 von 1999 aufgeführten Werte bezüglich den Entfernungen die Kinder unterschiedlichen Alters zu Spielplätzen maximal zurücklegen sollten und die Erfahrungswerten aus dem Bereich ÖPNV und Nahversorgung zugrunde, so zeigt sich, dass der Einzugsbereich einer Spiel- und Bewegungsfläche einen ungefähren Radius von 300m umfasst. So wird auch deutlich, dass die vorhandenen Flächen nicht ausreichen, um alle Einwohner im Innenstadtbereich abzudecken. Dies bedeutet, dass die Bewohner Siegens welche nicht in einem dieser Bereiche liegen die wenigen vorhandenen Flächen noch zusätzlich „belasten" und es umso wichtiger ist diese Flächen möglichst vielen Nutzern zugänglich zu machen und für diese attraktiv zu gestalten.

3. die sozialen Randgruppen

Diese Gruppe der Nutzer ist sicherlich die schwierigste im Hinblick auf ihre Integration in das Gefüge der verschiedenen Parteien. Außerdem muss sie wiederum in einzelne Untergruppen aufgeteilt werden, die zwar größtenteils ähnliche Ansprüche haben, aber auch einige Unterschiede aufgrund ihrer Lebensumstände aufweisen. Tessin definiert diese Gruppe als unterste Schicht und beschreibt sie wie folgt: „Zur untersten Schicht, für die sich kein allgemein akzeptierter Begriff gefunden hat, gehören jene, die von der Sozialhilfe leben, langjährig ohne feste Arbeit, teilweise ohne festen Wohnsitz sind. Sozial sind sie oft ausgegrenzt"[12]

Diese Definition ist für die vorliegende Studie allerdings bei weitem nicht ausreichend denn nicht jeder, der in der Statistik als Langzeitarbeitsloser geführt wird, findet sich beispielsweise Bier trinkend auf einer Parkbank wieder.

3.1 was sind soziale Randgruppen - Begriffsdefinition

„Angehörige von Randgruppen sind Menschen, die sich anders verhalten, anders aussehen, andere Neigungen oder Wertvorstellungen haben als die Mehrheit der Gesellschaftsmitglieder. Sie weichen in irgendeiner Art und Weise von geltenden Normen und Regeln ab und werden von der Mehrheit an den Rand der Gesellschaft gedrängt."[13]
Randgruppen sind also Minderheiten in der Gesellschaft, die sich abweichend von den jeweils gängigen Gepflogenheiten verhalten. „Als Randgruppen gelten in unserer Gesellschaft gegenwärtig vor allem ausländische Arbeitnehmer, Nichtsesshafte, Obdachlose, Kranke, Behinderte, psychisch Kranke, Suchtkranke, Vorbestrafte, Gefängnisinsassen, Prostituierte, Homosexuelle und Bewohner von Erziehungsheimen."[14] Auch wenn dieses Zitat aus einem vor 14 Jahren erschienen Bericht stammt, hat sich an seiner Gültigkeit nichts verändert. Die Einschätzung welche Personenkreise zu den Randgrup-

---

[12] Tessin 2004: S. 80
[13] Hewener, 1988
[14] Hewener, 1988

28

pen zählen, hat nach wie vor Gültigkeit, auch wenn sich seitdem in der Akzeptanz gegenüber einiger Gruppen wie z.B. den Homosexuellen einiges verändert hat.

Zu einer Randgruppe zu gehören hat jedoch generell nicht die gleiche Bedeutung wie Mitglied einer sozialen Randgruppe zu sein, denn auch wenn man einer Minderheit angehört, kann man durchaus seinen (positiven) Beitrag zur Gesellschaft leisten. Soziale Randgruppen definieren sich nach FRIEDRICH FÜRSTENBERG hingegen als eine Gruppe von Personen, „die durch ein niedriges Niveau der Anerkennung allgemein verbindlicher soziokultureller Werte und Normen und der Teilhabe an ihren Verwirklichungen sowie am Sozialleben überhaupt gekennzeichnet sind."[15]

Diese Definition scheint auf die in dieser Studie betrachtete Szene durchaus zuzutreffen. Die sich im öffentlichen Raum treffenden Trinker und Junkies gehen mehrheitlich keiner geregelten Arbeit nach, haben oft eine kriminelle Vergangenheit die zu einer Haftstrafe führte und/ oder haben teilweise psychische Probleme. Dies alles führte dazu, dass sie sich von den allgemein gültigen und anerkannten Sozialstandards abgewandt haben oder von ihrer Umgebung ausgeschlossen wurden.

Somit wurden sie in den Augen der Gesellschaft welche sie ausschloss zu einer sozialen Randgruppe.

3.2 Aufteilung der sozialen Randgruppen in Siegen

Wie vorangegangen beschrieben, ist die Definition der sozialen Randgruppen keine einfache, da sie sich in sehr viele Untergruppen aufteilen. Durch Gespräche mit Sozialarbeitern konnte ermittelt werden, welche Gruppen sich hauptsächlich im untersuchten sowie angrenzenden Stadtgebiet aufhalten. Genaue Auskunft über die zahlenmäßige Größe dieser Nutzergruppe zu bekommen war nicht möglich, da es in diesem Personenkreis eine hohe Fluktuationsrate gibt und darüber nicht Buch geführt wird. Bedingt ist dies unter anderem durch Inhaftierung aufgrund von Straftaten, Abwanderung in eine andere Stadt, Versterben oder im positiven Fall auch durch Wiedereingliederung in den Alltag mithilfe von Fördermaßnahmen. Für die wegfallenden kommen neue Personen

---

[15] Fürstenberg, 1965

29

hinzu. Seien es Jugendliche, bei denen die Entwicklung z.B. durch Schulabbruch und/ oder Perspektivlosigkeit gerade erst einsetzt, aus der Haft Entlassene, die nicht mit der neuen Situation zurechtkommen, oder Personen, die durch Schicksalsschläge verschiedenster Art in diese Situation abgerutscht sind.

Schätzungen zu Folge wird im Siegener Stadtgebiet von ca. 100 bekannten Personen gesprochen. Diese kommen aus allen Altersgruppen, vom Teenager bis zum Rentner. Wobei die Wenigstens davon obdachlos sind. Oftmals führt sie der Wunsch nach Zeitvertreib und sozialen Kontakten nach draußen.

Während sich in Siegen- Weidenau eine Drogenszene etabliert hat, finden sich im untersuchten Siegener Innenstadtbereich hauptsächlich Trinker. Sicher kommt es auch hier gelegentlich zu einer Durchmischung, wobei die Plätze auch oft als Drogenumschlagsplatz genutzt werden. Im Gegensatz zu den Trinkern jedoch, die sich oft stundenlang an einem Platz aufhalten, hält es die Junkies allerdings nie lange an solch einem. So schreibt es auch eine Studie, die im Jahr 2008 von der Stadt München in Auftrag gegeben wurde „Während die Trinker eher ihre Nachbarschaft belagern, fahren die Junkies durch die ganze Stadt."[16]

Eine weitere Untergruppe ist die der zumeist jugendlichen Punks. Wie auch andere Jugendliche wollen sie ihre Freizeit zwanglos genießen. Genau betrachtet unterscheiden sie sich in ihrem Verhalten betreffend dem gemeinsamen ‚Rumhängen', Alkoholkonsum usw. nicht unbedingt von anderen Jugendlichen, jedoch ist die Außenwirkung, verursacht durch ihr auffälliges Äußeres und zumeist extrovertiertes Auftreten, oftmals eine ganz andere. Wettergeschütze Sitzgelegenheiten werden auch von dieser Gruppe geschätzt, wobei die Preisklasse des Alkohols weniger eine Rolle spielt. da viele durchaus einer Beschäftigung nachgehen oder noch von ihren Eltern finanziert werden. In Siegen trifft man sie zumeist am Busbahnhof vor dem Eingang zum Bahnhof. Sie lassen sich jedoch keineswegs zu der Trinkerklientel zählen, von der im weiteren Verlauf gesprochen wird. Dies bestätigte auch die Siegener Streetworkerin. Auch ihrer Einschätzung nach gehören die dort anzutreffenden Personen nicht zu der Klientel, die soziale Hilfe benötigt und der ein Abrutschen in sozial schwache Gefilde droht.

---

[16] Costanzo, 2011

3.3 Trinker und trinken im öffentlichen Raum

Warum trifft man sich auf der Straße zum Trinken? Einerseits gibt es die Obdachlosen, die sich sowieso draußen aufhalten, aber was bewegt die Personen, die eine Wohnung haben, dazu, sich nach draußen zu setzen und dies bei (fast) jeder Wetterlage? Eine Antwort darauf lässt sich im oftmals bestehenden Alkoholismus und der sozialen Lage der Klientel finden.

Die Möglichkeiten, die die Betroffenen in diese Situation geführt haben, sind vielfältig. Vereinfacht lassen sich zwei Szenarien entwickeln. Entweder hat der Alkohol zu einem sozialen Abstieg geführt oder aber der Alkohol wurde verwendet, um den sozialen Abstieg erträglich zu machen. Dazwischen gibt es eine schier unendliche Anzahl von Optionen, die aber alle dazu geführt haben, dass die Personen kaum noch oder auch gar keine Kontakte mehr zu Menschen in ‚geordneten‘ Verhältnissen haben. Die drohende Vereinsamung führt sie raus auf die Straße und in den öffentlichen Raum. Dort trifft man sich mit Menschen, die in einer ähnlichen Situation sind und die eigenen Probleme kennen und verstehen. Man pflegt soziale Kontakte und trinkt dabei. Oft genug den ganzen Tag und egal bei welchem Wetter.

Ein weiterer Punkt ist oftmals die Verwahrlosung der eigenen Wohnung, sodass man niemanden mehr in diese hinein lassen möchte und/ oder man dieser selber entkommen möchte, um sich von dem umgebenden Elend abzulenken. Auch dies führt dazu, dass der Weg auf die Straße angetreten wird. Jedoch nicht um sich Hilfe zu suchen, sondern um zu Vergessen. Dieses vergessen wird wiederum im Alkohol gesucht und gefunden.

Und genau das ist auch die Kennzeichnung des Trinkens im öffentlichen Raum, welches als Problem gesehen wird, wobei Alkohol an sich und auch dessen Konsum in der Öffentlichkeit gesellschaftlich durchaus anerkannt und akzeptiert ist. Allerdings nur insoweit, als dass sich dies in einem geregelten Rahmen bewegt wie z.B. bei einem Volksfest oder wie in der aktuellen Jahreszeit auf einem Weihnachtsmarkt. Hier findet man aber auch keine Angehörigen der sozialen Randgruppen und wenn doch fallen diese sofort aufgrund ihrer äußeren Erscheinung wie ihrer Kleidung auf. Selbst wenn zu später Stunde eine Gruppe durch ihren gesteigerten Alkoholpegel aus dem Rahmen fällt, lässt sich ziemlich schnell und eindeutig erkennen welchem Milieu sie angehören. Auch wenn am Wochenende abends oder nachts Betrunkene durch die Straßen laufen, weckt dies kein Argwohn bei der Bevölkerung, da dies gerade in der Stadt zu dem normalen und gewohnten Bild gehört. Betrunkene an einem Wochentag und dies schon um die Mittagszeit sind jedoch etwas anderes. Wenn diese dann auch noch ungepflegt aussehen, eventuell ganz dem Klischee entsprechend eine Plastiktüte mit sich tragen, in der Alkohol transportiert wird, werden die Anwohner skeptisch. Hier hört die Akzeptanz des Trinken in der Öffentlichkeit auf.

Auch deshalb weil die meisten aus der Szene Transferleistungen beziehen durch welche sie ihren Konsum finanzieren. Diese Leistungen begleichen sich durch die Abgaben der arbeitenden Bevölkerung denen es missfällt zu sehen wofür „ihr" Geld verwendet wird.

3.4 Bisherige Aufenthaltsflächen der sozialen Randgruppen

In den vergangenen Jahren haben sich einige Plätze in der Siegener Innenstadt als beliebte Treffpunkte herauskristallisiert. Diese sollen hier vorgestellt werden. Wie auch schon die Freiflächen in Siegen sind auch sie nummeriert, um ein Auffinden im nachfolgenden Plan zu erleichtern.

1. Oranienpark

Den Einwohnern Siegens ist der Oranienpark auch oder meist sogar besser als „Pennerpark" bekannt. Seit Jahren ist dies einer der beliebtesten Treffpunkte. Zentral und mit der Nähe zu einem Discounter gelegen. Der vorhandene Baumbestand ‚schützt' die Klientel vor Blicken der Passanten an der Spandauer Straße. Genau dies schürt allerdings auch die Angst der Anwohner. Der durch die hohen, alten Bäume ohnehin schon dunkel wirkende Park wird so zumeist gemieden und geht der Stadt als Freiraum verloren.

2. Siegplatte

Vor ihrem Abriss war auch die Siegplatte, sehr zum Unmut des Ordnungsamtes und der Stadtverwaltung, eine beliebte Aufenthaltsfläche. Zentral gelegen, mit ausreichend Sitzmöglichkeiten und Zugang zu Alkoholika in der näheren Umgebung, blieb hier nur noch wenig Platz für Mitglieder anderer Nutzergruppen. Da sich diese Fläche immer großer Beliebtheit, erfreute wird befürchtet, dass dies auch nach abgeschlossenem Umbau wieder der Fall sein wird.

3. Bertramsplatz

Seit Beginn der Umbauarbeiten an der Siegplatte ist der Bertramsplatz neuer bzw. verstärkt besuchter Treffpunkt. Auch hier bestätigt sich, dass eine zentrale Lage und die Nähe zu einem Discounter wichtige Punkte in der Platzwahl sind. Zusätzlich führt die Nähe zur Wohnungslosenhilfe der Diakonie in der Friedrichstraße dazu, dass der Platz in das Aufmerksamkeitsfeld der Szene gerät. Ein Problem, dass sich am Bertramsplatz ergibt, ist die Durchmischung mit den Kindern und Jugendlichen, die die Blue Box bzw. die Meeting Points am Bertramsplatz besuchen. Diese sind dem Umgang oft nicht gewachsen.

4. Bahnhof

Der Siegener Hauptbahnhof bzw. dessen Vorplatz ist zwar kein Haupttreffpunkt, wird jedoch immer mal wieder von Gruppen aufgesucht und soll deswegen nicht außen vor gelassen werden. Die sich hier treffenden jugendlichen Punks werden in diesem Fall, wie bereits erwähnt, nicht zur eigentlichen Klientel der sozialen Randgruppen gezählt, da diese, wie auch von Sozialarbeitern bestätigt wurde, zumeist einen geordneten Hintergrund besitzen und sich nur in ihrer Freizeit von Schule/ Beruf dort aufhalten. Trotzallem sind natürlich auch sie nicht gerne an einem Ort gesehen, der repräsentativ für Siegen dem Ankommenden einen ersten Eindruck vermittel soll.

3.5 Fazit Kapitel zwei und drei- Auswahl der Untersuchungsflächen

Betrachtet man nun alle aufgeführten Freiflächen unter dem Gesichtspunkt, dass möglichst viele der Nutzungskriterien aus den vorherigen Kapitel erfüllt werden sollen, so wird deutlich, dass der Bertramsplatz sowie der Oranienpark/ Weis-Flick'sches- Grundstück sich als besonders geeignet erweisen. Beide Flächen sind zentral gelegen und müssen ein recht großes Einzugsgebiet mit unterschiedlichsten Nutzergruppen bedienen. Besonders aber im Hinblick auf die Belange und der Integration der sozialen Randgruppen bieten sich diese beiden Grünanlagen an, da sie bereits als Treffpunkte von den betreffenden Personen ausgewählt wurden und sich in der näheren Umgebung von Discounter befinden. Dies begünstigt eine positive Reaktion und somit die Annahme der bereitgestellten Flächen. Ein weiterer Vorteil, den der Bertramsplatz aufweisen kann, ist die direkte Nähe zur Blue Box. Hier wird sich zwar eigentlich um Jugendliche und deren Belange gekümmert, jedoch sind die Mitarbeiter geschulte Sozialarbeiter, die in der Lage sind kritische Situationen zu beurteilen und somit auch ein Auge auf die Geschehnisse am Bertramsplatz werfen können, auch wenn dies sicherlich nicht zu ihren Hauptaufgaben gehört.

4. Methodisches Vorgehen der empirischen Arbeitsweise

In diesem Kapitel soll das methodische Vorgehen, welches zur Gewinnung der Ergebnisse und weiterführend verwendeten Daten angewandt wurde, dargestellt und erläutert werden, um die nötige Transparenz zu gewährleisten die eine wissenschaftliche Studie voraussetzt.

4.1 Forschungsdesign

„Mit dem Forschungsdesign wird in der Fachliteratur immer häufiger der Vorgang empirischer Überprüfung theoretischer Hypothesen bezeichnet. Darunter fallen Art und Weise des Einsatzes von Forschungsinstrumenten.(…) Das Forschungsdesign unterscheidet sich nach der Art der Problem- und Gegenstandsbenennung, nach der Schwierigkeit des Feldzuganges und nach der Komplexität der zu prüfenden Hypothesen." [17]

Für jede Problematik gilt es also vorher genau zu überlegen und zu überprüfen welche Art des Designs sinnvoll und nützlich ist, um eine größtmögliche Erkenntnisgewinnung zu erzielen. Die folgende Darstellung zeigt die nach ATTESLANDER vier möglichen Methoden. Welche davon für die vorliegende Studie gewählt und wie sie umgesetzt wurden, wird in den nächsten Kapiteln erläutert.

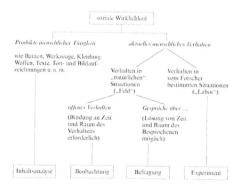

Abbildung 2-11: Gegenstandsbereiche und Methoden empirischer Sozialforschung

Abbildung 7 Gegenstandsbereiche und Methoden empirischer Sozialforschung (Atteslander 2006)

---

[17] Atteslander 2006: S. 44

4.1.1 Auswahl der Datenerhebungsmethoden

Wie in der vorherigen Abbildung dargestellt, gibt es vier mögliche Methoden zur Datenerhebung. 1. Inhaltsanalyse, 2. Beobachtung, 3. Befragung 4. Experiment.[18] Bezogen auf die Forschungsfrage und das damit einhergehende Forschungsfeld scheidet die Inhaltsanalyse, da es über das Thema bisher kaum Fachliteratur gibt, und das Experiment, da sich die Umgebung nicht in einem Labor nachstellen lässt, aus. Es bleiben Beobachtung und Befragung. Mit diesen beiden Methoden lassen sich zum einen Erkenntnisse darüber gewinnen, wie viele Personen die ausgewählten Freiflächen nutzen und auch wozu, und zum anderen lässt sich in Erfahrung bringen, wo Schwächen und Stärken der ausgesuchten Flächen liegen und wo die Nutzergruppen Verbesserungen wünschen. Dieses Wissen ist Voraussetzung, um die gestellte Forschungsfrage befriedigend beantworten zu können, um somit eine qualitative Verbesserung und damit einhergehend eine höhere Akzeptanz der ausgewählten Freiflächen zu erzielen.

Beobachtung

„Während alltägliches Beobachten der Orientierung der Akteure in der Welt dient, ist das Ziel der wissenschaftlichen Beobachtung die Beschreibung bzw. Rekonstruktion sozialer Wirklichkeit vor dem Hintergrund einer leitenden Forschungsfrage." [19] Im vorliegenden Fall zielt die Beobachtung darauf ab einen Überblick zu bekommen, welche Nutzergruppen sich aktuell auf den beiden ausgewählten Freiflächen aufhalten, welcher Beschäftigung sie dabei nachgehen und ob es zu Konflikten zwischen Nutzergruppen kommt.

Generell unterscheidet man zwischen quantitativen und qualitativen Studien. Eine quantitative Betrachtung ergibt Sinn, wenn mit der Erhebung einer hohen Anzahl von Fällen gerechnet werden kann mit Hilfe derer verschiedenste Theorien und Hypothesen

---

[18] Ebd.: S. 48
[19] Ebd.: S. 67

überprüft werden können. Dies ist für den vorliegenden Fall nicht zu erwarten, denn zum einen erschwert die kalte Jahreszeit das Antreffen von Nutzern und zum anderen ist es in diesem Fall nicht notwendig und sinnvoll vorab Hypothesen aufzustellen. Vielmehr wird ein Abbild der Bestandssituation benötigt, um daraus das weitere Vorgehen zu erarbeiten.

Gewählt wird also eine qualitative Vorgehensweise, genauer die der unstrukturierten, offenen, passiv teilnehmenden Beobachtung.

Unstrukturiert deshalb, da: „Im Gegensatz zur strukturierten liegen der Unstrukturierten Beobachtung keinerlei inhaltliche Beobachtungsschemata zugrunde, sondern lediglich die Leitfragen der Forschung. Dies sichert die Flexibilität und die Offenheit der Beobachtung für die Eigenarten des Feldes"[20]

Des Weiteren ist eine verdeckte Beobachtung nicht nötig, da nicht zu erwarten ist, dass sich das Verhalten der Beobachteten durch die Beobachtung, insofern sie überhaupt wahrgenommen wird, ändert.

Das passiv teilnehmende ergibt sich wiederrum daraus, dass es für die Klärung der Forschungsfrage nicht von Nöten ist mit den verschiedensten Nutzergruppen zu partizipieren oder gar ein Teil von ihnen zu werden und z.B. an ihrem weiterführenden Alltag teilzunehmen wie es bei der aktiv teilnehmenden Beobachtung der Fall wäre.

Befragung

Die Befragung soll in diesem Fall der Untersuchung die Ergebnisse der Beobachtungen vervollständigen und aufklären wie die Nutzergruppen das aktuelle Freiflächenangebot erleben, welche Veränderungen sie sich wünschen, und vor allem im Bezug auf die angesprochenen sozialen Randgruppen, ob und welche Probleme sich hier ergeben. Aus den bereits erläuterten Gründen wird auch bei der Befragung eine qualitative Vorgehensweise gewählt.

---

[20] Ebd.: S. 82

ATTESLANDER unterscheidet bei der Befragung zwischen der mündlichen und schriftlichen Kommunikationsart sowie zwischen der wenig strukturierten, teilstrukturierten und stark strukturierten Kommunikationsform, wobei die wenig strukturierte Befragung der qualitativen Erfassung, die stark strukturierte Befragung der quantitativen Erfassung zugeordnet wird.[21]

Aus der Fülle der verschiedenen Möglichkeiten, die sich bieten, schien die des leitfadengestützten Interviews am sinnvollsten. Hierbei ist es möglich ein weitgehend offenes Gespräch zu führen, mit der Sicherheit, durch den vorher erarbeiteten Leitfaden, nicht von der eigentlichen Fragestellung abzukommen bzw. immer wieder zu dieser zurückkehren zu können und somit nichts Wichtiges zu vergessen. Ein weiterer Vorteil gegenüber der stark strukturierten Befragung, ist dass man auch Antworten bekommt, die man vielleicht nie erwartet hätte. Dies würde weg fallen, wenn man die Antwortmöglichkeiten den Befragten zur Auswahl bereitstellt.

4.2 Durchführung der Datenerhebung

Für die genauere Untersuchung wurden die Flächen des Bertramsplatz sowie des Oranienparks/ Weis- Flick'sches Grundstück ausgewählt. Begründet wurde die Wahl bereits unter Kapitel 2.3.

Um die in diesem Buch gestellte Frage, bezogen auf diese beiden Grundstücke, beantworten zu können, muss im Vorfeld der Datenerhebung, entsprechend der gewählten Methoden, zum einen der Ablauf der Beobachtung geklärt werden und zum anderen wer befragt werden soll sowie wie viele Personen befragt werden.

---

[21] Ebd.: S. 123

Um zu entscheiden wer befragt werden soll, muss man sich darüber im Klaren sein wer überhaupt betroffen ist oder wie GORDON es formuliert:

1. Wer verfügt über die relevanten Informationen
2. Wer ist am ehesten in der Lage, präzise Informationen zu geben?
3. Wer ist am ehesten bereit, Informationen zu geben?
4. Wer von den Informanten ist verfügbar?[22]

In diesem Fall sind es zum einen die Nutzer, genauer sind diese sogar die Hauptakteure, denn sie müssen mit den Gegebenheiten, die ihnen der öffentliche Raum bietet zurechtkommen. Sie können die Anhaltspunkte geben, die es braucht um Verbesserungen zu entwickeln.

Eine andere Gruppe der zu Befragenden findet man in den Verantwortlichen von öffentlicher Seite. Hier sind dies Mitarbeiter des Ordnungsamtes sowie Sozialarbeiter. Von dieser Seite aus können Fragen zu eventuell vorhandenen Problemen mit und zwischen verschiedenen Nutzergruppen beantwortet, sowie weitere Anregungen zur Verbesserung der Freiraumsituation gesammelt werden.

Wie bereits erwähnt, ist die Zeit eine maßgebliche Komponente bei der Anzahl der zu Befragenden. Zwei weitere nennen GLÄSER/LAUDEL „Die Zahl der erforderlichen Interviews ergibt sich aus der Verteilung von Informationen unter den Akteuren und aus Erfordernissen der empirischen Absicherung.(…) Über den notwendigen Grad der empirischen Absicherung zu entscheiden ist dagegen schwieriger, weil hier in der Methodologie keine Regeln existieren und es sich deshalb um eine reine Ermessensfrage handelt." [23]

Sicherlich ist es angenehm möglichst viele Interviews zu führend und somit ein hohes Maß an Absicherung zu erhalten, jedoch können auch wenige ausreichend sein, um an die benötigten Informationen zu gelangen. Unter Umständen kann die Auswertung

---

[22] Gordon 1975: S. 196 f.
[23] Gläser und Laudel 2004;S. 101 f.

dadurch erschwert werden, da die Gefahr eine gleichmäßige Verteilung widersprüchlicher Antworten zu erhalten erhöht ist.

Im vorliegenden Fall erschwerte die Jahreszeit das Beobachten und Befragen von vielen Nutzern, da sich diese nicht mehr so häufig im Freien aufhalten wie während der Sommermonate.

4.2.1 Vorbereitung der Beobachtung

In Kapitel 3.1.1 wurde bereits erklärt, aus welchen Gründen die unstrukturierte, offene, passiv teilnehmende Beobachtung gewählt wurde. Zur Vorbereitung gehörte die Erstellung eines Beobachtungsleitfaden, ähnlich dem eines Interviewleitfadens. In diesem werden die Kriterien festgelegt, die für die Beantwortung der Forschungsfrage nützlich und somit bei der Beobachtung interessant sind. Die unstrukturierte Form lässt es zu, dass nur wenige Anweisungen gegeben werden müssen. Die empirische Methodik der Beobachtung dient in der vorliegenden Studie der Unterstützung der Befragung und soll einen Einblick gewähren, welche Nutzergruppen sich auf den beiden ausgewählten Freiflächen aufhalten und was sie dort tun.

Ein weiterer vorbereitender Punkt war die Auswahl des Beobachtungszeitraums. Da die Beobachtung dem Thema entsprechend im Freien stattfinden sollte, musste ein Zeitraum gewählt werden, für den größtenteils mildes und trockenes Wetter erwartet wurde. Dies geschah nicht, um dem Beobachtenden eine angenehme Atmosphäre zu schaffen. Vielmehr war davon auszugehen, dass diese Freiflächen und Parks, im Gegensatz zu Plätzen in der Innenstadt, die z.B. beim einkaufen zufällig passiert werden, von Benutzern zur Erholung und somit gewählt aufgesucht werden. Dies geschieht allerdings nicht bei schlechten Witterungsbedingungen wie z.B. Regen.

Nicht nur das wann, sondern vor allem auch das wie lange muss im Vorfeld festgelegt werden. „Feldforschungen sind in der Regel recht zeitintensiv; bei ethnographischen

Forschungen wurde gelegentlich gefordert, dass sie mindestens ein Jahr umfassten, um die jahreszeitlichen Veränderungen des beobachteten Feldes in Gänze erfassen zu können."[24]

Da Freiraumverhalten eng mit der Witterung und somit den Jahreszeiten verbunden ist, wäre eine längere Forschungsdauer auch für die vorliegende Studie wünschenswert, jedoch war dies aufgrund zeitlicher Beschränkungen nicht möglich. Unter den gegebenen Umständen fiel die Entscheidung auf eine Beobachtungsdauer von je einer Woche pro Fläche, jeweils vormittags und am frühen Nachmittag. Im Nachgang wurde noch einmal an drei Tagen in der Woche jeweils ein zwölf Stunden Tag beobachtet, da sich gezeigt hatte, dass die vorher gewählten Zeiträume nicht ausreichend waren.

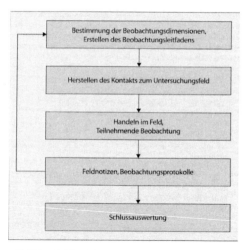

Abbildung 8 Ablaufplan der Beobachtung (Mayring 2002)

[24] Weischer 2007; S. 309

4.2.2 Durchführung der Beobachtung

Die ersten Beobachtungen erfolgten im Zeitraum vom 12. bis 18. 11. 2012 am Bertramsplatz und vom 19. bis 25. 11. 2012 im Oranienpark. Zeitlich fanden sie von 10Uhr bis 11Uhr sowie von 15Uhr bis 16Uhr, mit drei stichprobenhaften Beobachtungen in der Zeit von 12Uhr bis 12:30Uhr, um zu überprüfen, ob Nutzer die Plätze in ihren Mittagspausen aufsuchen. Die zusätzlichen Beobachtungen fanden am Bertramsplatz und Oranienpark am 13.12.2012 sowie am 16.12.2012 und am 18.12.12 statt. Somit wurden nochmal zwei durchschnittliche Wochentage sowie ein Sonntag durchgehend untersucht. Um beide Plätze unter gleichen Bedingungen, sowohl Wetter als auch Zeitraum betreffend, untersuchen zu können, wurden zwei weitere Beobachter hinzugezogen, durch die es möglich war im Rotationsprinzip beide Flächen lückenlos über eine Dauer von jeweils zwölf Stunden beobachten zu können. Diese wurden im Vorfeld über den Zweck der Untersuchung informiert und ihnen wurde erklärt, worauf die Beobachtung abzielt. Ebenso wurden sie in den Unterscheidungskriterien der Nutzer und der Handhabung der Beobachtungsraster unterwiesen.

Da beide Flächen gut von einem Punkt aus überschaubar sind, war ein einzelner Beobachter ausreichend und aufgrund der Wahl einer offenen Beobachtungsform, konnte sich frei auf den Grünflächen bewegt werden, ohne dass ein Versteck aufgesucht werden musste. Notiert wurde frei, wer sich in diesen Zeiträumen auf den zu untersuchenden Arealen aufhielt und zu welchem Zweck.

Während den Beobachtungen kam es zu keinen Auffälligkeiten, die den Prozess gestört hätten.

42

4.2.3 Vorbereitung der Interviews

Der zweite Schritt, nachdem entschieden ist wer befragt werden soll, besteht in der Erstellung des Leitfadens für die Interviews. Je nach Gegebenheit und so auch in diesem Fall, wenn die zu befragenden Akteure sich stark unterscheiden, kann es notwendig sein, verschiedene Leitfäden zu erstellen, um an die richtigen Informationen zu kommen. So wurde ein Leitfaden erstellt, um die Nutzer der Grünflächen zu befragen und ein weiterer für die Befragung der öffentlichen Organe.

Die Erstellung der Leitfäden orientierte sich an dem von HELFFERICH vorgeschlagenem SPSS- Prinzip. SPSS steht in diesem Fall für 1. Sammeln, 2. Prüfen, 3. Sortieren und 4. Subsumieren.[25]

Im ersten Schritt, dem Sammeln, sollen alle Fragen die einem zu dem Thema einfallen und interessant sein könnten aufgeschrieben werden. Zu diesem Zeitpunkt spielt z.B. die richtige, für das spätere Interview am geeignetste Formulierung noch keine Rolle. Wichtig ist stattdessen möglichst viele Fragen zu stellen, basierend auf den Fragen: „Was möchte ich eigentlich wissen? Was interessiert mich?"[26]

Im zweiten Schritt, dem Prüfen, werden die vorher gesammelten Fragen kritisch bezüglich ihrer Eignung für das Interview hinterfragt. Lassen sie offene Antworten zu? Erfahre ich etwas Neues oder wird von der Frage eine Bestätigung bereits vorhandenem Wissen erwartet? Dieser Schritt dient dazu, die vielen scheinbar wahllos gesammelten Fragen radikal zu reduzieren und eventuell Fragestellungen umzuformulieren, sodass sie sich für ein Interview besser eignen.

Der dritte Schritt, das Sortieren, dient dazu eine thematische Ordnung und somit logische Reihenfolge in den Leitfaden zu bringen. Außerdem sollten die Fragen zu kleinen Blöcken zusammengefasst werden.

Diesen wird im vierten Schritt, dem Subsumieren, eine sogenannte Erzählaufforderung vorangestellt. Ziel ist es, die Erzählaufforderung so zu formulieren, dass die interviewte

---

[25] Helfferich 2009; S. 161 ff
[26] Ebd.;S. 162

Person möglichst selbstständig alle unter diesem Punkt zusammengefassten Fragen während ihrer Erzählung beantwortet.

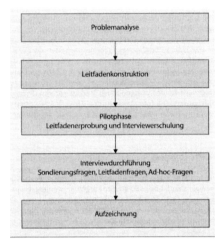

Abbildung 9 Ablaufmodell des problemzentrierten Interviews (Mayring 2002)

4.2.4 Durchführung der Interviews

Wie bereits in Kapitel 4.2.2 erwähnt, fanden die Interviews mit den Nutzern parallel zur Beobachtungsphase statt, da dies die einfachste Möglichkeit darstellte mit diesen in Kontakt zu kommen. Ausgenommen hiervon waren Nutzer aus der Gruppe der sozialen Randgruppe. Diese wurden erst nach den Gesprächen mit Sozialarbeitern und Verwaltung befragt. Auch erfolgten diese Gespräche zwangloser. Zwar orientierten diese sich ebenfalls an dem erstellten Leitfaden für Interviews mit den Nutzern jedoch wurden die Fragen freier gestellt und nur das abgefragt was für diese Klientel von Bedeutung ist.

Das Hauptproblem bei der Befragung bestand darin, überhaupt Personen zu finden, die sich befragen lassen wollten. Die meisten standen dem Anliegen skeptisch gegenüber und/ oder hatten keine Zeit/ Lust, sich einer Befragung zu stellen. Im Endeffekt konnten im Oranienpark 7 und am Betramsplatz 6 Personen für ein Interview gewonnen werden.

Da die Interviews mit den Mitarbeitern der öffentlichen Institutionen und der Verwaltung erst nach der Befragung der Nutzer stattfanden, konnten die bereits ausgewerteten Antworten in die Fragestellungen für diese mit einfließen. Somit war es möglich durch die Interviews mit den Nutzern aufgeworfenen Fragen direkt weiterzuleiten.

4.3 Auswertungsverfahren

Um aus den erhaltenen Antworten auch die richtigen Schlüsse zu ziehen, ist es wichtig, diese im abschließenden Schritt zielgerichtet auszuwerten. „Die Möglichkeiten der Auswertung des Materials aus qualitativen Interviews sind so vielfältig wie die Typen der Interviews selbst."[27] In diesem Fall wurde die von LAMNEK beschriebene, in vier Phasen unterteilte Handlungsanweisung verwendet, jedoch nicht ohne sie auf das vorliegende Material anzupassen. Die vorgeschlagenen Arbeitsschritte lauten:

1. Transkription, 2. Einzelanalyse, 2. Generalisierende Analyse, 4. Kontrollphase.

Da bei der Interviewführung keine Aufzeichnung durch ein Diktiergerät erfolgte fiel der erste Schritt der Transkription weg. Entsprechend der Forschungsfrage wurde bereits im Vorfeld entschieden, dass non- sowie paraverbale Äußerungen, Umgebungsgeräusche oder auch Pausen für die Auswertung nicht von Bedeutung waren und somit nicht berücksichtigt werden mussten. So wurde lediglich das während den Interviews Notierte zur Auswertung herangezogen.

Dies wurde nun in der Einzelanalyse der jeweiligen Interviews anhand verschiedener Kriterien gefiltert und zusammengefasst.

---

[27] Lamnek 2010; S.367

Die hierfür entscheidenden Kriterien waren:

- Aussagen der Nutzer, die das Gute der vorhandenen Grünflächen heraushoben
- Aussagen der Nutzer, die das negative der Grünanlagen betrafen
- Aussagen der Nutzer zu den Verbesserungswünschen
- Aussagen zu Problemen mit den sozialen Randgruppen
- Aussagen zum Umgang mit den sozialen Randgruppen und deren Einbindung

Mit diesen Kriterien im Hinterkopf, wurden die Interviews mehrfach intensiv gelesen, wichtige Stellen markiert und hervorgehoben sowie, bereits vorweggreifend auf den nächsten Schritt, ganzheitlich betrachtet und mit Zwischenüberschriften versehen.

Im folgenden Schritt, der generalisierenden Analyse, werden alle Interviews auf ihre Gemeinsamkeiten, aber auch auf eindeutige Unterschiede hin betrachtet. „Gemeinsamkeiten und Unterschiede ergeben bei weiterer Analyse möglicherweise Syndrome und Grundtendenzen, die für einige oder alle Befragten typisch erscheinen.“[28]
So werden Themenschwerpunkte ersichtlich, die sich aus den Interviews loslösen und unter neuen Überschriften zusammenfassen lassen. Dies wiederum macht es möglich, Auswertungskategorien zu schaffen, unter denen Aussagen mit thematischem Zusammenhang gemeinsam dargestellt, verglichen und interpretiert werden können.

Die Auswertungskategorien, die sich in der vorliegenden Arbeit ergaben, lauten:

1. Negative Aspekte der ausgewählten Grünflächen
2. Positive Aspekte der ausgewählten Grünflächen
3. Verbesserungswünsche
4. Umgang mit den sozialen Randgruppen

Die Darstellung der erhaltenen Antworten erfolgt im folgenden Kapitel. Die Schlüsse, welche daraus gezogen, wurden finden sich in Kapitel sieben.

---

[28] Lamnek 2010; S. 369

Im letzten Schritt, der Kontrollphase, gilt es nach Beendigung der vorangegangenen Schritte alle Originalinterviews noch einmal zu überprüfen, um zu kontrollieren, ob nicht wichtige Aussagen übersehen oder versehentlich raus gekürzt wurden.

Dies war hier allerdings nicht der Fall, sodass die Selbstkontrolle ohne augenscheinliche Fehler beendet werden konnte.

Fazit

Das vorangegangene Kapitel dient der Veranschaulichung der in dieser Studie zur Erkenntnisgewinnung genutzten Methodik, sodass der Leser stets einen Einblick in das angewandte Verfahren hat. Dies ist vor allem bei qualitativen Verfahren der Datenerhebung dringend nötig, da diese auf jedes neue Forschungsziel explizit abgestimmt werden müssen und somit nicht immer wieder gleich und vergleichbar sind.

Wie bereits erwähnt, werden im nachfolgenden Kapitel die Ergebnisse dargestellt und anschließend unter dem Kapitel der Handlungsoptionen interpretiert und weiter verarbeitet.

5. Empirische Untersuchung

Im ersten Teil werden die beiden ausgewählten Grünanlagen noch einmal anhand ihrer Größe, Ausstattung und ihres Einzugsgebietes analysiert. Im Anschluss daran werden die ausgewerteten Daten der Untersuchung sowohl schriftlich als auch grafisch dargestellt, ohne sie bereits in Bezug auf ihre Aussagen zu bewerten. Dies geschieht in Kapitel 7- den Handlungsoptionen.

5.1 Bertramsplatz und Oranienpark

Beide Anlagen befinden sich im Bereich der Siegener Innenstadt, genauer im Bereich des IHako. Sie müssen somit ein großes Einzugsgebiet und dementsprechend viele Nutzer bedienen.

Bertramsplatz

Der Bertramsplatz verfügt über eine Fläche von ca. 6274 m². Dabei misst er durchschnittlich 61m in der Breite und an seiner längsten Stelle 114m. Er besteht aus einer Wiese die durch Baumreihen und Hecken, von den Straßen abgegrenzt ist, sowie aus einzelnen Bäumen im

Abbildung 10 Luftbild Bertramsplatz (Google 2012)   Innenbereich des Platzes. Außerdem gibt es einige Parkbänke sowie zur Friedrichsstraße hin einen umzäunten Spielplatz.

Abbildung 11 Bertramsplatz (Salzmann 2012)

Abbildung 12 Bertramsplatz (Salzmann 2012)

Die Raumbildung erfolgt am Bertramsplatz zum einen durch die durchschnittlich vier-geschossige umgebende Bebauung sowie zur Sandstraße hin durch die Baumreihe die zusätzlich durch Hecken unterstützt wird.

Erschlossen wird der Bertramsplatz im Westen von der Emilienstraße und im Norden von der Friedrichsstraße. Aus Richtung Bahnhof kommend findet sich kein Zugang.

Abbildung 13 Eingang Friedrichsstraße (Salzmann 2012)

Abbildung 14 Eingang Emilienstraße (Salzmann 2012)

Dies führt dazu, dass sich die Nutzer eigene Wege für den Zugang suchen, anstatt einmal am Platz vorbeizugehen, um den offiziellen Eingang zu nutzen, wie man in folgender Abbildung sehen kann.

Abbildung 15 Trampelpfad (Salzmann 2012)

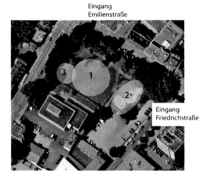

Der Platz besteht zu ¾ aus einer Wiese (1). Im hinteren Viertel zur Friedrichsstraße findet sich der eingezäunte Spielplatz (2). Zwei Wege führen über die Fläche. Einer parallel zur Sand- und einer parallel zur Emilienstraße. Diese bestehen aus befestigtem Erdreich, was unter ökologischen Gesichtspunkten zwar vorteilhaft ist (Stich-

Abbildung 16 Aufteilung Bertramsplatz (Salzmann 2012)

punkt Regenwasserversickerung), sich für Gehbehinderte und speziell Rollstuhlfahrer allerdings wenig eignet, da Unebenheiten das Befahren erschweren oder bei nasser Witterung ganz verhindern.

Entlang des Weges parallel zur Sandstraße stehen zwei Parkbänke (3). Außer den Bänken, die innerhalb der umzäunten Fläche des Spielplatzes aufgestellt wurden, um den Begleitern spielender Kinder eine Sitzmöglichkeit zu bieten, sind dies die einzigen Sitzgelegenheiten am Bertramsplatz. Dies ist auch der Platz den aktuell die Trinkerklientel eingenommen hat.

Abbildung17 Weg durch den Bertramsplatz (Salzmann 2012) Abbildung18 Bank an der Sandstraße (Salzmann 2012)

Der Spielplatz im hinteren Teil besteht aus drei Sandfeldern, die mit Sitzgelegenheiten, einem Klettergerüst, Schaukeln und ein paar weiteren Spielgeräten versehen sind. Insgesamt sind die Geräte in einem guten und gepflegten Zustand, allerdings ist der Spielplatz nur für Kinder bis zwölf Jahren zugänglich. Diese rechtliche Abgrenzung soll der umgebende Zaun noch verdeutlichen, indem er das Gebiet des Spielplatzes klar abgrenzt. Aus gestalterischer Sicht wirkt der Metallzaun nicht sehr ansprechend jedoch wurde in Gesprächen mit Nutzern klar das er sehr positiv aufgenommen wird und deswegen erhalten bleiben sollte. Die Jüngeren fühlen sich so sicherer vor den Älteren außerhalb des Spielplatzes und vor allem Mütter sehen es als Vorteil an das ihre Kleinen nicht ins freie Feld davon laufen können.

Abbildung 19 Spielplatz Bertramsplatz (Salzmann 2012)

Abbildung 16 Blick auf Bertramsplatz (Salzmann 2012)

Im hinteren Teil schließt sich an den Spielplatz eine größere geteerte Fläche an, die aktuell als Parkplatz genutzt wird. Städtischen Planungen zufolge soll diese in Zukunft dem Bertramsplatz angeschlossen werden, sodass sie für eine Neugestaltung zur Verfügung steht und in die Planung mit einbezogen werden kann.

Oranienpark

Abbildung 20 Luftbild (Google 2012)

Der Oranienpark ist eine Fläche die Parkcharakter aufweist. Die Anlage bietet großzügige Rasenflächen verteilt auf insgesamt 8044m². Er ist durchschnittlich 45m breit und 120m lang. Im mittleren Bereich findet sich ein Spielplatz, dessen Geräte allerdings sehr alt sind. Die vielen alten Bäume könnten die Anlage aufwerten, werden aber durch die Tristheit der Fläche in den Hintergrund gerückt und sorgen so eher

51

dafür, dass dieser Ort dunkel und fast beängstigend wirkt. Am Rand der den Park Oranienpark durchziehenden Wege finden sich ein paar Bänke, die allerdings keine wirkliche Aufenthaltsqualität bieten da sich um sie herum nichts abspielt was zum verweilen einladen würde.

Erschlossen wird der Oranienpark zum einen von der Spandauerstraße, wo er durch einen Metallzaun und einer Mauer vom Bürgersteig abgegrenzt wird, und zum anderen von der Oranienstraße.

Abbildung 21 Eingang Oranienstraße (Salzmann 2012)   Abbildung 22 Eingang Spandauerstraße (Salzmann 2012)

Der Hauptteil der Anlage besteht aus Wiesenfläche (3), durch die sich geschwungene Wege ziehen. Diese bestehen, wie auch am Bertramsplatz aus verfestigter Erde, welche sie für Rollstuhlfahrer, aber auch teilweise schon für Ältere, die nicht mehr ganz sicher auf den Beinen sind, schwer passierbar macht. Umgrenz wird der Oranienpark von hohen Bäumen, die sich auch im inneren der

Abbildung 23 Aufteilung Oranienpark (Salzmann 2012) Anlage finden. Am Weg rechts vom Eingang Spandauerstraße wird der Weg von sechs Parkbänken gesäumt (1). Hier findet sich auch der Hauptaufenthaltsplatz der sozialen Randgruppen. Drei weitere Bänke finden sich in Richtung Zugang Oranienstraße.

Abbildung 24 Bankgruppe im Oranienpark (Salzmann 2012)   Abbildung 25 Oranienpark (Salzmann 2012)

Im Oranienpark findet sich auch ein Spielplatz (2). Dieser besteht aus einer Sandfläche mit einem Kletterturm inklusive Rutsche. Betrachtet man aktuelle Untersuchungen wie sich Kinder ihre Spielplätze vorstellen, erkennt man, dass das vorhandene Gerät nicht mehr mit den heutigen Wünschen der Kinder übereinstimmt.

Abbildung 26 Spielplatz Oranienpark (Salzmann 2012)   Abbildung 27 Blick auf den Spielplatz (Salzmann 2012)

An Beleuchtung mangelt es dem Oranienpark komplett. Es finden sich entlang der Wege keinerlei Laternen oder andere Beleuchtungsinstrumente. Zwar wurden bereits Bäume zurück geschnitten, um die Lichtsituation am Tage zu verbessern und bessere Blickbeziehungen zu ermöglichen, nachts jedoch liegt der Park im Dunkeln und bildet so zusätzlich einen Angstraum in der Stadt.

Mülleimer gibt es viele im Park, zumeist fassen sie die Sitzbänke ein, was auf den ersten Blick nicht sehr einladend wirkt, da weder Bänke noch Mülleimer in einem guten Zustand sind.

Abbildung 28 Parkbänke mit Mülleimern im Oranienpark (Salzmann 2012)

5.2 Beobachtung

Die Beobachtung erfolgte am Bertramsplatz und im Oranienpark von montags bis sonntags für jeweils eine Woche sowie zusätzlich im Nachgang an einem Werktag sowie an einem Sonntag. Die Zeitpläne in Abbildung acht und neun geben genaue Auskunft über den Zeitpunkt und die Dauer der Beobachtung.

	12.11.12	12.11.12	14.11.12	15.11.12	16.11.12	17.11.12	18.11.12	13.12.12	16.12.12	18.12.12
8-9 Uhr								▓	▓	▓
9-10 Uhr								▓	▓	▓
10-11 Uhr	▓							▓	▓	▓
11-12 Uhr								▓	▓	▓
12-13 Uhr		▓					▓	▓	▓	▓
13-14 Uhr								▓	▓	▓
14-15 Uhr								▓	▓	▓
15-16 Uhr	▓							▓	▓	▓
16-17 Uhr								▓	▓	▓
17-18 Uhr								▓	▓	▓
18-19 Uhr								▓	▓	▓

Abbildung 29 Beobachtungszeitraum Betramsplatz (Salzmann 2012)

	19.11.12	20.11.12	21.11.12	22.11.12	23.11.12	24.11.12	25.11.12	13.12.12	16.12.12	18.12.12
8-9 Uhr								■	■	■
9-10 Uhr								■	■	■
10-11 Uhr	■							■	■	■
11-12 Uhr								■	■	■
12-13 Uhr		■	■					■	■	■
13-14 Uhr								■	■	■
14-15 Uhr								■	■	■
15-16 Uhr	■							■	■	■
16-17 Uhr								■	■	■
17-18 Uhr								■	■	■
18-19 Uhr								■	■	■

Abbildung 30 Beobachtungszeitraum Oranienpark (Salzmann 2012)

Da die Beobachtung und Befragung im November und Dezember stattfand, war die Anzahl der vorgefundenen Personen, bedingt durch die schlechte Witterung, relativ gering, jedoch kann auch so ein Einblick in die Menge der Nutzer und Nutzergruppen gewährt werden, die die Flächen aufsuchen.

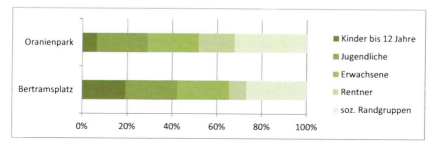

Abbildung 31 Nutzergruppen (Salzmann 2012)

Im Oranienpark wurden hauptsächlich Erwachsene angetroffen. Diese nutzten den Park, um mit ihren Hunden spazieren zu gehen oder um schneller von der Spandauer- in die Oranienstraße zu gelangen. Auch die angetroffenen, altersmäßig der Nutzergruppe der Rentner zuzuordnenden Parkbesucher nutzten den Oranienpark zumeist lediglich zum Durchqueren. Nur einige setzten sich auf die vorhandenen Bänke. Kinder wurden trotz des vorhandenen Spielplatzes nur wenige beobachtet, allerdings einige Mitglieder der sozialen Randgruppen.

Viele Kinder hingegen wurden am Bertramsplatz gesehen. Ebenso wie Erwachsene, die teilweise zu den Kindern gehörten oder den Platz ähnlich wie im Oranienpark zum ausführen ihrer Hunde nutzten. Wenige Rentner sowie eine größere Anzahl der Trin-kerklientel konnten ebenfalls beobachtet werden. Im Gegensatz zum Oranienpark der oftmals als Abkürzung zwischen der Spandauer- und der Oranienstraße genutzt wurde, konnte dieses Verhalten am Bertramsplatz nur vereinzelt beobachtet werden.

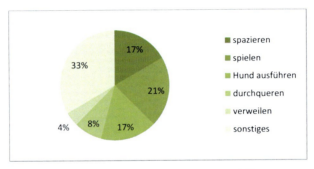

Abbildung 32 Nutzungen Bertramsplatz (Salzmann 2012)

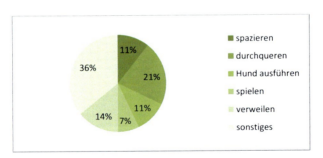

Abbildung 33 Nutzungen Oranienpark (Salzmann 2012)

Nachdem die vorausgegangenen Diagramme einen Einblick in die Nutzer und Nutzungen der Plätze gegeben haben, sollen die folgenden Diagramme auch die Nutzung nach Uhrzeiten darstellen. Der Begriff „sonstiges" wurde, wie auch schon in Abbildung zehn und elf als Synonym für die Tätigkeiten der sozialen Randgruppen gewählt.

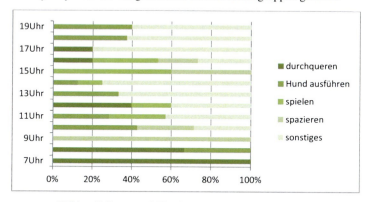

Abbildung 34 Nutzung nach Uhrzeiten Bertramsplatz (Salzmann 2012)

Beim Betrachten der Diagramme fällt einem sowohl am Bertramsplatz als auch am Oranienpark der fast durchgehend vorhandene Punkt „sonstiges" auf, der, wie bereits erwähnt, für die Tätigkeiten der Trinkerklientel steht. Die Beobachtung endete gegen 19 Uhr. Zu diesem Zeitpunkt waren auf beiden Flächen immer noch Personen der sozialen Randgruppe anwesend.

Der Bertramsplatz wird zudem ebenfalls fast durchgängig zum Ausführen von Hunden genutzt. In der frühen Mittagszeit bis hin zum Nachmittag nutzen ihn auch Kinder zum Spielen. Wie schon im vorherigen Diagramm ersichtlich, ist er kein Platz, der stark als Abkürzung genutzt und somit durchquert wird. Dies trat nur vereinzelt auf.

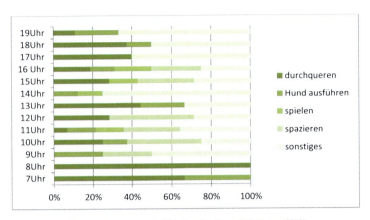

Abbildung 35 Nutzung nach Uhrzeiten Oranienpark (Salzmann 2012)

Außer den bereits erwähnten ‚sonstigen' Aktivitäten, wird der Oranienpark auch sehr häufig zum Durchqueren und Abkürzen genutzt. Dies geschieht am Tag zwar fast durchgängig, verstärkt aber in der Morgen- und Abendzeit. Zum Nachmittag hin gab es auch immer wieder spielende Kinder, bedingt durch den frühen Sonnenuntergang und die einsetzende Dunkelheit gegen 16:30Uhr, verschwanden die diese an beiden Plätzen bereits um diese Uhrzeit. Wie auch am Bertramsplatz werden fast durchgängig Hunde ausgeführt.

5.3 Befragung

In den folgenden Unterkapiteln werden die Ergebnisse der Befragung, wie auch bereits bei der Beobachtung, sowohl grafisch als auch schriftlich dargestellt. Dies gliedert sich in die negativen und darauf folgend die positiven Aspekte. Im Anschluss daran geht es um die gewünschten Verbesserungen sowie den Umgang mit den sozialen Randgruppen.

5.3.1 Negative Aspekte der ausgewählten Grünflächen

Die Nutzer wurden nach negativen und positiven Aspekten der analysierten Grünflächen befragt. In diesem Kapitel sollen die negativen dargestellt werden.

Am häufigsten wurde von den Nutzern nach den negativen Aspekten gefragt am Bertramsplatz die Gestaltung genannt. Zu karg und zu leblos sei es. Jedoch nicht nur die Gestaltung ist laut Angaben der Befragten leblos, auch dem Platz an sich fehle die Lebendigkeit. Mit Lebendigkeit sind in diesem Fall die Menge der Nutzer und ihre Wirkung auf den Platz gemeint. Dies ist kritisch zu betrachten, da aus anderen Gesprächen und eigener Erfahrung bekannt ist, dass der Bertramsplatz im Sommer sehr stark belebt und durch die vielen Nutzer sogar überlastet ist. Dass dies in den kälteren Monaten nicht so ist, scheint eigentlich selbstverständlich und wird sich auch durch eine Umgestaltung nicht ändern lassen. Es ist davon auszugehen, dass die Befragten in diesem Moment nur ihre augenblickliche Umgebung wahrnahmen und deswegen die Lebendigkeit des Platzes bemängelten. Dies wurde allerdings, wie auch die Lärmbelästigung, durch die Sandstraße nur von einem kleinen Teil genannt. Häufiger wurden zu wenige Sitzgelegenheiten sowie auch fehlende Sicherheit bemängelt. Ebenfalls kritisiert wurde die fehlende Beleuchtung. Zwar sind die Sand- und Emilienstraße gut beleuchtet, jedoch scheint dies nicht weit in den Bertramsplatz hinein, sodass der Platz im Allgemeinen doch eher im Dunkeln liegt.

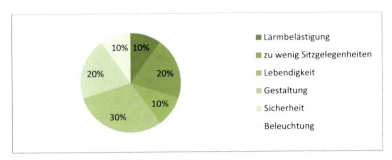

Abbildung 36 negative Aspekte Bertramsplatz (Salzmann 2012)

Die schlechte Beleuchtung und damit einhergehend ein fehlendes Sicherheitsgefühl sind am Oranienpark die meistgenannten negativen Aspekte. Ebenso fehlt es an Sitzgelegenheiten bzw. sind die vorhandenen Bänke ungünstig aufgestellt. Der Spielplatz, welcher zwar vorhanden, aber in einem sehr schlechten Zustand ist, folgt zusammen mit einer Bemängelung der Lebendigkeit der Parkanlage. Auch an dieser Stelle muss die Bemängelung der Lebendigkeit kritisch angesehen werden. Zwar ist der Oranienpark auch in den Sommermonaten nicht sehr häufig besucht, jedoch ist der Unterschied zur aktuellen Situation in den Wintermonaten durchaus deutlich. Lärmbelästigung durch die angrenzende Spandauer Straße und die karge Gestaltung fallen wie auch am Bertramsplatz negativ auf.

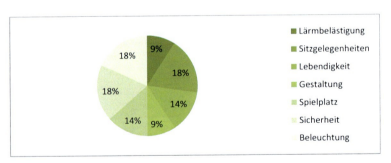

Abbildung 37 negative Aspekte Oranienpark (Salzmann 2012)

5.3.2 Positive Aspekte der ausgewählten Grünflächen

Neben der negativen wurden auch viele positive Aspekte aufgeführt. Am Betramsplatz an erster Stelle liegt die zentrale Lage. Die somit leichte Erreichbarkeit und die große Wiese, die vielseitig genutzt werden kann, wurden als sehr positiv gewertet. Der vorhandene und auch gepflegte Spielplatz ist ein weiterer positiver Punkt, ebenso wie die vorhandenen Bäume. Dass der Platz, bedingt durch seine Lage, auch nachts beleuchtet ist und somit ein gewisses Maß an Sicherheit bietet, wurde ebenfalls als positiv benannt.

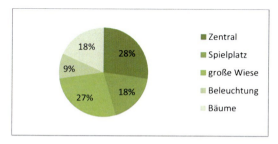

Abbildung 38 positive Aspekte Bertramsplatz (Salzmann 2012)

Auch für den Oranienpark gab es positive Rückmeldungen. Diese bezogen sich hauptsächlich auf die Anlage im Gesamten. Die parkähnliche Gestaltung, mit den von Wegen durchzogenen Wiesen in Verbindung mit den alten Bäumen, gefällt vielen der Besucher. Ebenso wie auch am Bertramsplatz fällt die zentrale Lage stark ins Gewicht.

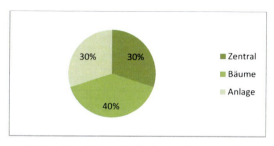

Abbildung 39 positive Aspekte Oranienpark (Salzmann 2012)

5.3.3 Verbesserungswünsche

Im Anschluss an die Nennung der positiven und negativen Punkte wurden die Befragten gebeten, sich auch zu ihren Verbesserungswünschen zu äußern. Dies war am Bertramsplatz ganz klar der Wunsch nach mehr Sitzmöglichkeiten und einer schöneren Gestaltung. Die bereits vorhandenen Bäume wurden zwar als positiv, jedoch nicht als ausreichend gewertet, sodass die Verbesserung der Vegetation, durch mehr Bepflanzungen mit Blumen, ein weiterer genannter Punkt war. Desweiteren kam der Wunsch nach einer allgemeinen Belebung des Platzes auf. Dies könnten sich die Befragten beispielsweise durch Feste und Veranstaltungen vorstellen.

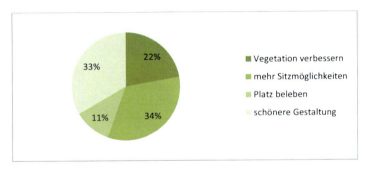

Abbildung 40 Verbesserungswünsche Bertramsplatz (Salzmann 2012)

Im Oranienpark sind die Verbesserungswünsche so vielfältig wie auch die negativen Aspekte. Eine schönere Gestaltung, mehr Sitzmöglichkeiten und vor allem die Schaffung von mehr Sicherheit waren die am häufigsten genannten Punkte. Die Verbesserung der Beleuchtung zielt ebenfalls in diese Richtung und wie auch am Bertramsplatz wurde sich verstärkt eine schönere Vegetation, zusätzlich zu den bereits vorhandenen Bäumen, gewünscht. Ein weiterer, vielgenannter Punkt war die Aufwertung des Spielplatzes durch neue, bessere Spielgeräte.

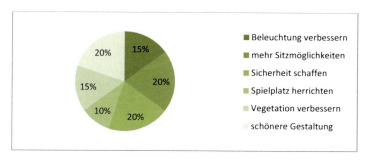

Abbildung 41 Verbesserungswünsche Oranienpark (Salzmann 2012)

5.3.4 Umgang mit den sozialen Randgruppen

Unter diesen Punkt fiel alles, was im Umgang mit den sozialen Randgruppen auffiel: Wie sind die bisherigen Erfahrungen der Befragten mit dieser Nutzergruppe? Gab es bereits persönliche Probleme? Was ist negativ oder gar auch positiv aufgefallen? Wie sehen die Befragten überhaupt die Situation?

Nach dem spontanen Gedanken an soziale Randgruppen gefragt war die häufigste Nennung die Angst vor Übergriffen. Viele denken dabei an Beschaffungskriminalität, befürchten ausgeraubt und/ oder körperlich misshandelt zu werden. Zwei weitere Gedanken, die den Befragten in den Sinn kamen, waren die Befürchtung, dass die eigene Wohngegend in Verruf gerät und sich die Nachbarschaft zum negativen entwickelt sowie die Sorge um Kinder und Jugendliche, die so mit den sozialen Randgruppen in Kontakt kommen und so ebenfalls auf die schiefe Bahn kommen könnten.

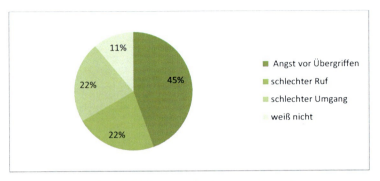

Abbildung 42 Gedanken zu sozialen Randgruppen (Siegen 2011)

Außerdem wurden die Nutzer befragt, ob sie denn selbst schon einmal direkte, persönliche Erfahrungen mit dieser Klientel gemacht haben und welcher Art diese waren. Dabei zeigte sich, dass lediglich 36% der Befragten bereits in direktem Kontakt standen. Von diesen 36% gab etwa die Hälfte negative Erfahrungen an, ca. 1/4 sagten, dass diese Erfahrungen positiv waren. Der Rest konnte oder wollte sich nicht genauer dazu äußern.

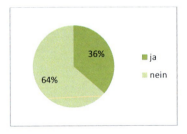

Abbildung 43 Erfahrungen gemacht? (Salzmann 2012)

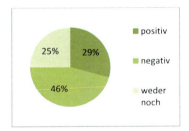

Abbildung 44 Art der Erfahrung (Salzmann 2012)

Noch etwas tiefer gehend wurde nun nachgefragt, welche Erfahrungen die Befragten denn genau gemacht hätten. Die meisten Nennungen betrafen hierbei hinterlassenen Dreck, Unruhe in der Nachbarschaft sowie Pöbeleien im Vorbeigehen. Einige gaben auch an eigentlich nichts Auffälliges bemerkt zu haben, während sich andere nicht mehr genau erinnern konnten. Körperliche Tätigkeiten wurden von keinem der Befragten genannt.

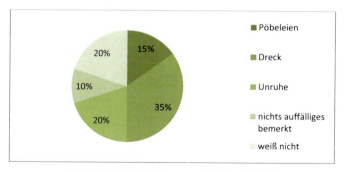

Abbildung 45 Arten der Zusammenstöße (Salzmann 2012)

5.4 Konflikte aus der Sicht von Sozialarbeitern

In den Gesprächen mit den Sozialarbeitern ging es hauptsächlich um die Mitglieder der sozialen Randgruppen. Wie aus dem hierfür erstellten Leitfaden ersichtlich beschäftigen sich die Fragen mit Art und Anzahl der Klientel. Ihren Aufenthaltsorten, bekannten Problemen (sowohl eigene als auch im Umgang mit anderen Nutzern) und auch welche Verbesserungen sie sich vorstellen könnten/ sich wünschen würden.

Die Fragen nach der Art der Klientel und ihren Aufenthaltsorten wurden bereits im Rahmen von Kapitel zwei beantwortet. Hier soll es nun um die Verbesserung der Platz-situationen sowie die Probleme der und mit den sozialen Randgruppen aus Sicht der Sozialarbeiter und der Verwaltung gehen.

Wie bereits in Kapitel drei beschrieben, gab es nach Abriss der Siegplatte eine ‚Wande-rung' der sozialen Randgruppen. War dies bisher ein beliebter Treffpunkt, verlagerte er sich nun hin zum Bertramsplatz. Dies ist insofern ein Problem, als dass es zu einer Durchmischung mit den Kindern und vor allem Jugendlichen, die sich dort an den Meeting Points aufhalten, kommt. Auch wenn es bisher zu keinen bekannten körperli-chen Auseinandersetzungen kam, neigen Jugendliche dazu, sich vor Älteren profilieren zu wollen und könnten sich so eventuell zu etwas verleiten lassen, was nicht gewünscht ist, wie z.B.: ein erhöhter Konsum von Alkohol. In diesem Zusammenhang wurde auch angesprochen, dass es zu Anzüglichkeiten von den teilweise wesentlich älteren Männern der Trinkerklientel gegenüber jungen Mädchen kam. Zwar waren bisher keine direkten sexuellen Handlungsabsichten erkennbar und es ist auch nicht davon auszugehen, dass dies überhaupt angestrebt war, doch wäre auch an dieser Stelle eine Trennung beider Parteien erstrebenswert, bevor sich die Situation verschärft.

Ebenfalls für den Bertramsplatz wurde das Problem einer nicht deutlich genug hervortretenden Trennung zwischen dem städtischen Platz und dem privaten Gelände der Blue Box benannt. Dadurch komme es häufiger zu unklaren Verhältnissen bezüglich der Zuständigkeit.

Ein weiteres Problem, das sich an allen Plätzen ergibt, ist ein erhöhtes Aufkommen an Müll sowie die Verunreinigung durch Fäkalien, dem schon allein aus hygienischer Sicht dringend entgegen gewirkt werden muss. Zwar wird dieser Müll nicht immer nur von den sozialen Randgruppen verursacht, fällt jedoch zumeist auf diese zurück.
In den Gesprächen wurde angeregt, dass die Personen, welche die Plätze nutzen, auch in die Verantwortung genommen werden sollten, wenn es um ihren Müll geht. Dies könnte beispielsweise so aussehen, dass das Ordnungsamt oder auch eine andere Stelle bei seiner täglichen Runde die Klientel mit Müllsäcken versorgt und darauf achtet, dass gemeinsam offensichtlich selbst verursachter Müll zusammengetragen wird. Wie sich in einem Versuch in der Vergangenheit gezeigt hat, hat ein ähnliches Vorgehen am Oranienplatz bereits einmal funktioniert. Auch in den Gesprächen mit den Personen der Trinkerklientel wurde die Bereitschaft geäußert sich um Ordnung und Sauberkeit zu bemühen.

Aggressive Auseinandersetzungen mit anderen Nutzern sind hingegen nicht bekannt. Hin und wieder kommt es zwar zu verbalen Streitigkeiten, wie dies auch von Nutzern in der Befragung geäußert wurde, jedoch ging dies nie so weit, dass es zu körperlichen Tätlichkeiten kam. Untereinander sieht dies wiederrum durchaus anders aus. Sicherlich auch bedingt durch den Alkohol- und Drogenkonsum, kommt es häufiger auch zu gewalttätigen Konflikten, denen nur durch das Wegschicken einer der Parteien beizukommen war. Dementsprechend wären mindestens zwei geplante Plätze, damit ein geregeltes aus dem Weg gehen möglich ist sinnvoll.

Angesprochen wurden auch die Probleme der Drogenabhängigen. Zwar ist die Szene dieser eher in Siegen-Weidenau angesiedelt, jedoch finden sich die Mitglieder vor allem im Zuge der Drogenbeschaffung auch in den innerstädtischen Gebieten. Ein Problem dieser ist, dass oftmals Spritzen mehrfach verwendet und auch untereinander verliehen werden, wodurch es zu weiteren massiven gesundheitlichen Gefährdungen kommt. Wünschenswert wären daher weitere Spritzenautomaten an Stellen, die auch aufgesucht werden, wie z.B. die angestrebten Plätze.

Abweichend vom Leitfaden wurde der Wunsch der Nutzer nach Stadtteilfesten und der Verträglichkeit dieser mit den sozialen Randgruppen angesprochen. Dies wurde durchaus begrüßt jedoch, mit dem Verweis, dass diese dann auch tatsächlich offen für jedermann sein sollten. Abgesperrte Veranstaltungen, die nur für zahlungskräftige Kundschaft zugänglich sind, könnten das angespannte Verhältnis zwischen den Nutzern noch verstärken.

5.5 Probleme und Wünsche von Mitgliedern sozialer Randgruppen

Im Zuge der Untersuchung ergab sich auch die Gelegenheit mit einigen Mitgliedern der sozialen Randgruppen zu sprechen und sie direkt zu fragen, ob sie denn Interesse an einem Platz eigens für sie hätten und ob dieser auch angenommen werden würde. Auch was sie sich wünschen und wie ein Platz für sie aussehen sollte. Seit Jahren ist es gängige Praxis, wie z.B. bei Kinderspielplätzen, mit den Nutzern für die Nutzer zu planen. So kann eine hohe Akzeptanz und auch Eigenverantwortung für den neu geplanten Bereich erreicht werden.

Wenn dies bei Kindern und anderen Personengruppen funktioniert, gibt es keinen Grund anzunehmen, dass sich durch Einbindung nicht auch bei dieser Nutzergruppe

Verantwortung schaffen lässt. Wie unter 5.4 beschrieben, hat dies in kleinem Rahmen im Oranienpark bereits schon einmal funktioniert.

Die Befragung wurde in diesen Fällen nicht nach dem Leitfaden für Nutzer durchgeführt. Die Fragen beschränkten sich auf aktuelle Probleme mit der Freiraumsituation und Wünschen, wie sich dies verbessern lassen könnte. Die Antworten waren dabei größtenteils einstimmig und tendieren in dieselbe Richtung.

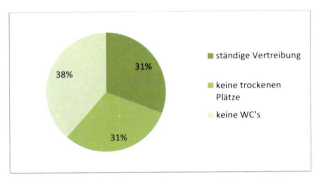

Abbildung 46 Probleme der sozialen Randgruppen (Salzmann 2012)

Das am meisten genannte Problem war die ständige Vertreibung von einem Ort zum anderen. Keine auch für schlechte Witterung geeigneten Aufenthaltsplätze als auch fehlende Toiletten wurden beklagt.

Dementsprechend fielen auch die Wünsche für einen geeigneten Aufenthaltsplatz aus:

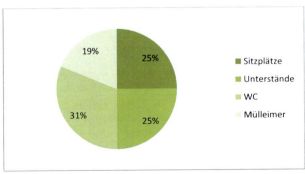

Abbildung 47 Wünsche soziale Randgruppen (Salzmann 2012)

Ein von allen genannter Punkt war der Wunsch nach einer Toilette. Sitzplätze und Unterstände, um sich auch bei schlechter Witterung draußen aufhalten zu können, folgen direkt danach. Tatsächlich soll der Platz auch Mülleimer aufweisen.

Dies bestätigen die Erzählungen der Sozialarbeiter, nachdem sich auch diese Nutzer für ihr Umfeld interessieren und sich auch darum kümmern, insofern man sie mit in die Verantwortung nimmt. In die gleiche Richtung führen die Antworten auf die Frage, ob sich die Mitglieder der Szene an Aufräumarbeiten ihrer Plätze beteiligen würden. Zwar sagte einer der Befragten, dass er dies nur gegen Bezahlung machen würde, mehr als die Hälfte bejahte diese Frage allerdings ohne Bedingungen, außer das sie an solch einem Platz in Ruhe gelassen werden würden. Ein ähnliches Bild ergab auch die Befragung im Zuge einer Studie im Stuttgarter Stadtteil Rot, auf die in Kapitel fünf noch eingegangen wird.

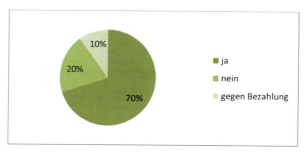

Abbildung 48 Aufräumarbeiten durch die Szene (Salzmann 2012)

5.6 Nutzungskonflikte

Welche Konflikte zwischen den Nutzern untereinander, aber auch zwischen den Nutzern und den Orten der Nutzung lassen sich nun erkennen, aus denen im späteren Verlauf Handlungsoptionen entwickelt werden können? Drei übergeordnete Konflikte haben sich im Verlauf der Untersuchung herausgebildet:

Konflikt Ausstattung

Dies ist der Punkt, zu dem es die meisten Meldungen gab. Angefangen bei den schlecht befestigten Wegen, die für Menschen mit Behinderungen ein Problem darstellen, über zu wenige oder veraltete Sitzgelegenheiten. Auch fehlende Beleuchtung und im Fall des Oranienparks der schlecht ausgestattete Spielplatz sorgen entsprechend der Häufigkeit ihrer Nennung in den Befragungen für Konfliktpotential.

Konflikt Nutzer

Die Untersuchung hat ergeben, dass es bisher eher selten zu Belästigung von Nutzern der sozialen Randgruppen gegenüber Nutzern aus anderen Gruppen kam. Das größte Problem ist die Durchmischung mit den Jugendlichen an den Meeting Points am Bertramsplatz. Ebenfalls kritisch wird das Nebeneinander von Trinkern/ „Junkies" und Kindern gesehen. Beide Plätze verfügen über Spielplätze, die auch bestehen bleiben sollen, sodass sich hier ein extremer Konflikt finden lässt, der gelöst werden muss.

Die Konflikte, die es in der Vergangenheit mit den Jugendlichen gab (Stichpunkt Lärm), wurden am Bertramsplatz durch das Einrichten der Meeting Points relativiert.

Konflikt Emission

Die zentrale Lage beider Plätze führt auch dazu, dass sich ein weiterer Konflikt und zwar der der Umweltemissionen herausbildet. In beiden Fällen, Oranienpark wie auch Bertramsplatz führt die Lage an einer Hauptverkehrsstraße zu einer starken Lärmbelästigung. Dies wird zumindest von den Nutzern beider Plätze so empfunden. Es gilt also zu prüfen, mit welchen Mitteln man diesem Konflikt begegnen könnte.

Konflikt Belebung

Ein oft genannter Wunsch war der nach Belebung der Plätze. Dies solle vor allem durch Veranstaltungen wie z.B. Stadtteilfesten geschehen, kann aber auch durch eine Gestaltung geschehen, die Installationen vorsieht, die von allen Nutzer- und Altersgruppen genutzt werden kann. Vorstellbar wäre ein Mehrgenerationen- Spielplatz oder andere Sportgeräte. die man auch an Trimm-Dich-Pfaden findet. So können mehr Nutzer zu den Flächen hingezogen werden.

Ein weiteres Problem das sich während den verschiedenen Gesprächen herauskristallisierte ist das des mangelnden städtischen Personals. Das Ordnungsamt besteht aus lediglich vier Personen und ist somit kaum in der Lage täglich das gesamte Stadtgebiet Siegens abzudecken. Eine regelmäßige Betreuung der Plätze, in denen Bereiche für die Trinkerszene eingerichtet werden, um hier verstärkt auf Ordnung und Sauberkeit zu achten, ist so nicht zu leisten.

Auch die soziale Betreuung auf der Straße ist mit nur einer Streetworkerin nicht ausreichend gewährleistet. So gehen Hilfsleistungen verloren die eventuell dringend benötigt werden würden aber nicht bei den betroffenen Personen ankommen.

6. Beispiele aus der Praxis

Zu Beginn der Studie wurden mehrere Städte unterschiedlichster Größe angefragt, ob sie Erfahrung im Umgang mit dieser Thematik haben und wie diese aussieht.

Ein Mittel, welches in vielen Städten Anwendung findet, ist das Alkoholverbot an öffentlichen Plätzen. Eine entsprechende Verordnung findet sich auch im Siegener Stadtrecht, hierauf wird zu Beginn von Kapitel sechs noch einmal näher eingegangen. Auf den ersten Blick scheint dies ein probates Mittel zu sein, um auf das Trinken im öffentlichen Raum zu reagieren, jedoch zeigt sich dadurch keine wirkliche Verbesserung. Die Szene sucht ihre bevorzugten Plätze weiterhin auf und es kommt, wenn das Ordnungsamt durchgreift und sie dort vertreibt, lediglich zu einer Verlagerung des Problems. In vielen Städten wurde auch bereits gegen entsprechende Gesetze und Verordnungen erfolgreich geklagt, da dies nicht nur die Trinkerklientel, sondern jeden Einwohner und Besucher der Städte betrifft, die darin einen Eingriff in ihre Persönlichkeitsrechte sehen. Dieser Ansatz scheint nach momentanem Stand, bedingt durch die undeutliche Rechtssprechung und die Tatsache, dass es das Problem der Szene nicht löst, sondern weiterhin nur verdrängt, als nicht weiter verfolgenswert.

Im Folgenden sollen nun verschiedene Ideen und Ansätze vorgestellt werden, welche sich auch auf den vorliegenden Untersuchungsfall anwenden lassen könnten und teilweise auch Grundlage für die späteren Handlungsoptionen und Entwurfsideen waren.

6.1 Kommunikation in Zürich

In Zürich setzt man mit der im Jahr 2000 gegründeten sip Züri auf Kommunikation. Seit zwölf Jahren begegnet man Problemen mit und zwischen Nutzergruppen in der Schweizer Metropole nach dem Grundsatz ‚Sicherheit Intervention Prävention'.

„Die Zielgruppen von sip züri sind Klientinnen und Klienten mit Alkohol- oder Drogenproblemen, Obdachlose, psychisch auffällige Personen oder andere sozial ausgegrenzte Menschen.

Die Verbesserung der Koexistenz von so genannt gesellschaftlich Randständigen und Integrierten im öffentlichen und halböffentlichen Raum sowie die Gewährleistung der subjektiven Sicherheit an Zürichs Brennpunkten sind Ziele von sip züri. sip züri setzt sich für stadt- und platzverträgliche Verhältnisse ein."[29]

Mit einer Mischung aus aufsuchender Sozialarbeit und ordnungsdienstlichen Aufgaben[30] sorgt sip züri dafür, dass Konflikte zwischen Nutzergruppen gelöst werden und im besten Fall auch nicht wieder entstehen. Wie bereits erwähnt, ist das erste Mittel der Wahl hierbei die Kommunikation. Es wird bei Problemen vermittelt und interveniert, Lösungsmöglichkeiten angeboten, über Hilfsmöglichkeiten informiert, aber auch Spritzen beseitigt, bevor sich andere daran verletzen. sip züri verfügt jedoch über keinerlei polizeiliche Kompetenzen, arbeitet jedoch eng mit dieser zusammen.

6.2 Dixi in Berlin

Ein besonderes Beispiel zur Integration der sozialen Randgruppen in den öffentlichen Raum findet sich in Berlin. Hier erfolgte 2007 nach langer Diskussion die Installation einer „Trinker"- Toilette. Auch hier war die Schaffung eines alternativen Aufenthaltsortes für die sozialen Randgruppen, vorrangegangen,, welche sich vorher mehrheitlich am Mehringsplatz aufhielten und dort unter anderem durch Lärm unangenehm auffielen und die Anwohner verärgerten.

Durch die Miteinbeziehung aller Beteiligten konnte sich der neue Platz etablieren und zu einem „festen Anlaufpunkt"[31] werden. „Bis dato erzielt das Projekt große Erfolge in der Wohnumfeldverbesserung. Vor allem negative Begleiterscheinungen des übermäßigen öffentlichen Alkoholkonsums, wie etwa das Urinieren in dunklen Hauseingängen, konnten deutlich reduziert werden."[32]

Zusätzlich zu der Mietoilette wurden weitere Parkbänke und Mülleimer aufgestellt und im Dezember 2009 auch zwei alte Bushaltestellenhäuschen. Da sich die angesprochene

---

[29] Stadt Zürich; S. 11
[30] Zürich, sip züri
[31] Quartiersmanagement am Mehringplatz e.V.
[32] Quartiersmanagement am Mehringplatz e.V.

Klientel bei Regen, entsprechend ihrer alte Gewohnheit, wieder unter die Balkone der umgebenden Mietshäuser zurück zog, war es wichtig einen regensicheren Unterstand zu bieten, um auch dieses unerwünschte Verhalten abzustellen. Tatsächlich wurden Akzeptanz und Nutzung des neuen Aufenthaltsortes dadurch sogar noch verstärkt.

Abbildung 49 Miettoilette am Mehringsplatz   Abbildung 50 Unterstand am Mehringsplatz

Abbildung 49 und 50 (Quartiersentwicklung am Mehringsplatz e.V. 2012)

6.3 Trinken im öffentlichen Raum von Stuttgart-Rot

Rot ist ein, hauptsächlich mit Wohnbebauung versehener, Stadtteil in Stuttgart, in dem sich, auf verschiedenen Plätze verteilt, einige Problemzonen gebildet haben, an denen verstärkt öffentlich Alkohol konsumiert wird.

Die Fördergruppe „Trinken im öffentlichen Raum", bestehend aus Vertretern der Bürgerschaft, der Evangelischen Gesellschaft, der städtischen Ämter, der Neuen Arbeit, der ev. Kirchengemeinde Rot, der Wohnbaugesellschaften und des Polizeireviers Zuffenhausen, dem Architekt und Künstler Zaumseil sowie dem Stadtteilmanagement beschäftigt sich seit 2004 mit diesem Problem.

Durch Fördermittel aus dem Programm „LOS- lokales Kapital für soziale Zwecke", einem Modelvorhaben herausgegangen aus dem Bund-Länder-Programm „Stadtteile mit besonderem Erneuerungsbedarf- die soziale Stadt", konnten verschiedene Projekte angestoßen werden, die die Thematik positiv beeinflussen sollen.

Auch hier wurde zuerst eine Studie eingeleitet, um sich über die Probleme und Wünsche der Trinker klar zu werden. Langzeitarbeitslose wurden aktiviert, um sich an der Grünflächenpflege zu beteiligen. Dies hatte zwei direkte positive Auswirkungen. Zum einen wurde erreicht, dass sich die Arbeitslosen wieder an eine regelmäßige Beschäftigung gewöhnen, wie dies auch bei den 1- Euro- Jobs der Fall ist, zum anderen erlebten die städtischen Grünflächen durch die Pflege eine Aufwertung.

6.4 Meeting Point in Siegen

Ein Ansatzpunkt, der sich so auch auf den Umgang mit den sozialen Randgruppen übertragen lassen könnte, sind die Meeting Points, die bereits am Bertramsplatz in Siegen bestehen. Geschaffen wurden sie für Jugendliche, denn auch für diese Nutzergruppe gab es bis dato keine wirklichen Plätze, an denen sie sich aufhalten konnten. So kam es auch hier immer wieder zu Zusammenstößen zwischen den Jugendlichen, Anwohnern, dem Ordnungsamt und gar der Polizei.

So wurde, initiiert durch die Blue Box Siegen, das „Projekt Meeting Points in Siegen" ins Leben gerufen. Von Jugendlichen für Jugendliche entstanden so im ständigen Diskurs mit Vertretern aus der Politik Treffpunkte am Bertramsplatz. „Durch Beschilderung, die von den Jugendlichen erstellt wurden, zusätzliche Mülleimer und selbst entwickelte „Müllsackspender" konnte der Bereich abgegrenzt und ausgestattet werden. Die Jugendlichen übernahmen nun die Aufgabe der Umsetzung, indem sie abendlich mit den Besuchern des Parks Gespräche führten und sie für diese Aktion gewinnen konnten."[33] Und dies konnte nach ersten Auswertungsgesprächen durchaus als gelungen bezeichnet werden, sodass die Meeting Points, an denen sich die Jugendlichen aufhalten können, ohne mit Kontrollen, Platzverboten und anderen Repressalien rechnen zu müssen seit nunmehr vier Jahren bestehen.

---

[33] Stadtjugendring Siegen e.V.

Abbildung 51 Meeting Point (Stadtjugenring e.V. 2012)

6.5 Cafe Berta in Dortmund/ Hempels in Kiel

In Dortmund erprobt man seit November 2011 einen Ansatz, um die Trinkerszene aus dem öffentlichen Raum nach drinnen zu holen. Das Projekt „Einrichtung und Betrieb einer Aufenthaltsgelegenheit für alkoholkonsumierende Personen", das wie auch die Programme in Stuttgart Rot im Zuge des Bund- Länder- Programms Soziale Stadt entstand, soll aber nicht nur den Alkoholkonsum auf offener Straße eindämmen, sondern die Klientel auch an Beratungs- und Hilfsangebote ranführen, die diese sonst nicht in Anspruch nehmen würden.

Im Cafe Berta gibt es klare Verhaltensregeln. Die Besucher können hier ihre eigenen mitgebrachten Getränke zu sich nehmen, wobei harte Alkoholika wie Schnaps verboten sind. Der Konsum von anderen Drogen außer Nikotin ist ebenfalls nicht erlaubt.

Der Dortmunder Trinkerraum folgt einem seit 2003 existierendem Beispiel aus Kiel. Auch hier sah man sich mit dem Problem von übermäßigem Alkoholkonsum in der Öffentlichkeit und den damit einhergehenden Problemen wie Verschmutzung und verängstigten Bürgern konfrontiert. Da eine Sondernutzungssatzung, die den übermäßigen Konsum von Alkohol in der Öffentlichkeit verbot, durch einen Gerichtsbeschluss gekippt wurde, musste eine andere Lösung her und so kam der Sozialarbeiter Christoph Schneider, Leiter der Abteilung Wohnungs- und Unterkunftssicherung der Stadt Kiel zu folgendem Gedanken: „Wenn man die Leute zwar aus der Straße bekommt, aber die Straße nicht aus den Leuten, wie wäre es dann mit einer Straße mit Dach? Ein Trinkraum? Ein Platz, an dem die einen sich aufhalten können und die anderen dann ihre Ruhe haben?"[34]

Auch hier geht es nicht nur darum die Leute von der Straße zu holen. Wie auch in Dortmund steht das Beratungsangebot, welches sich auf diesem Weg wesentlich einfacher an die Klientel bringen lässt als bei einem Aufsuchen auf der Straße, mit im Vordergrund. Der Trinkerraum in Kiel, der zuerst nur für ein halbes Jahr seine Türen öffnen sollte, besteht nunmehr erfolgreich seit fast zehn Jahren.

---

[34] Großekemper, 2011

7. Handlungsoptionen

In diesem Kapitel soll nun die zu Beginn gestellte Frage

Wie kann man öffentliche Plätze so gestalten, dass sich möglichst viele Nutzergruppen parallel dort aufhalten können und möchten?

bezogen auf die ausgewählten Flächen Bertramsplatz und Oranienpark/ Weis-Flick'sches Grundstück beantwortet werden. Dies geschieht zuerst in schriftlicher Form mit einer Ausführung über die durch die empirische Arbeit erlangten Erkenntnisse, sowie im Fall des Bertramsplatz bereits vor Beginn der Studie vorhandenen Ergebnisse eines Workshops. Im zweiten Schritt erfährt die schriftliche Form eine Umsetzung in beispielhafte gestalterische Planung mit Vorschlägen zur nutzergerechten Gestaltung und Integration der sozialen Randgruppen in den öffentlichen Raum Siegens.

7.1 mögliche Handlungsoptionen

Bevor begonnen wird Handlungsoptionen zu entwickeln und planerisch umzusetzen, muss noch eine Besonderheit im Siegener Stadtrecht angesprochen werden.

Mit der „Ordnungsbehördlichen Verordnung über die Aufrechterhaltung der öffentlichen Sicherheit und Ordnung" mit Ratsbeschluss vom 25.05.2011 gilt ein Alkoholverbot im öffentlichen Raum Siegens. Genauer heißt es: „Es ist untersagt auf Verkehrsflächen und öffentlichen Plätzen und Anlagen zum Zweck des übermäßigen Konsums von Alkohol zu verweilen."[35]

Dies bildet auch die rechtliche Grundlage für die Vertreibung der Trinkerklientel von ihren Plätzen. Entsprechend dem Ratsbeschluss müsste dies auch an einem Platz durchgesetzt werden, der planerisch extra für diese geschaffen wurde.

---

[35] Siegen, 2011; §2

Da dies jedoch den Kreislauf des Weiterschickens nicht, wie durch die im Folgenden gemachten Vorschläge erhofft, durchbrechen, sondern lediglich fortsetzen würde muss eine Ausnahmeregelung für diese Plätze geschaffen werden.

7.1.1 Bertramsplatz

Konfliktlösung Nutzer

Wenn von Integration der sozialen Randgruppen in die Freiflächen die Rede ist, kann dies nicht in dem Sinne erfolgen, dass alle Nutzer zusammen an einen Tisch in die Mitte eines Platzes gesetzt werden. Die Akzeptanz gegenüber den Trinkern ist nicht in dem Maße gegeben, dass man sich mit ihnen vermischen würde. Ganz im Gegenteil hat sich gezeigt, dass vor allem die Vermischung mit den Jugendlichen eines der größten Probleme in diesem Zusammenhang ist. Integration bedeutet hier vielmehr, dass die Klientel zwar einen festen Platz in den Freiräumen bekommt, dieser sollte sich aber durchaus von den anderen Nutzergruppen abgrenzen. So ergibt sich der erste Handlungsschritt: die Einteilung des Platzes. Wie sich gezeigt hat, soll die große Wiese am Bertramsplatz bestehen bleiben und so auch die Lage des Spielplatzes zur rückwärtigen Seite des Platzes weg von der Sandstraße. Unter Berücksichtigung des momentanen Parkplatzes, der dem Bertramsplatz zugeschlagen werden soll, würde sich hier die Belegung durch die sozialen Randgruppen anbieten. Diese Stelle grenzt zwar direkt an den Platz an, jedoch nicht in so präsenter Lage, als das die Trinker in den Mittelpunkt gerückt werden würden.

Platzaufteilung

Eine mögliche Einteilung für den Platz, um allen Nutzergruppen gerecht zu werden, wäre folgende:

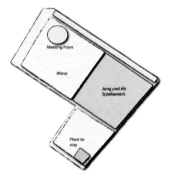

Der größte Bereich wird nach wie vor von der Wiese eingenommen, die weiterhin als Liegewiese und zum vielfältigen Spielen genutzt werden kann. Ebenfalls immer noch im hinteren Teil, jedoch etwas verschoben, findet sich ein Bereich der dem Spiel dient. Im Anschluss an die Spielfläche findet sich nun der neue Platz für die sozialen Randgruppen.

Abbildung 52 Bertramsplatz Einteilung (Salzmann 2012)

Der Meeting Point bleibt an seiner ursprünglichen Stelle erhalten.

Konfliktlösung Ausstattung

Beginnend mit der Verbesserung der Zugangssituation wird vorgeschlagen, einen weiteren Eingang zum Bertramsplatz aus Richtung der Innenstadt kommend anzulegen. Wie sich in der Befragung zeigte, sind die Nutzer mit der großen Wiese sehr zufrieden und wünschen sich auch, dass diese bestehen bleibt, da sie sich sowohl als Liegewiese eignet als auch zum gemeinsamen Fußballspielen. Jedoch hat eine Analyse des Platzes ergeben, dass die Wege schon allein aus Gründen der Barrierefreiheit dringend verbessert werden müssen.

Die Lage der Wege parallel zur Sand- und Emilienstraße wird beibehalten, hinzugefügt wird weiterhin ein Weg der auf der rechten Seite den Platz einfasst. Diese müssen jedoch in einem Rollstuhl- und Rollatorfreundlichem Material angelegt werden. Entsprechend den Wünschen der Nutzer nach mehr Sicherheit, sollte sich der Platz zu den Straßen hin öffnen. Dies kann geschehen, indem die Baumreihen gelichtet werden und/ oder Bäume mit einem hohen Stamm gewählt werden, sodass eine bessere Blickbeziehung zwischen Platz und Straße möglich ist. Desweiteren sollte die Heckenbepflanzung entfernt werden. Weitere Bäume werden zur Friedrichstraße hin gepflanzt um den Platz auch dort von der Straße abzugrenzen. Eine Reihe aus kleineren Bäumen grenzt den neuen Platz für die Klientel vom Rest des Platzes ab. Diese Baumreihe sollte jedoch nicht so dicht sein das keinerlei Blickbeziehung mehr möglich ist, da dadurch wieder Angsträume entstehen könnten.

Ein weiterer von den Nutzern angesprochener Mangel ist der der fehlenden Sitzgelegenheiten. Lediglich zwei Bänke, an der Sandstraße gelegen, bietet der Bertramsplatz. Diese sind weder ausreichend, noch ist der Standort gut gewählt. Entsprechend müssen mehr Bänke gestellt werden, die sich hauptsächlich in den hinteren Bereich des Platzes Richtung Spielplatz orientieren sollten.

Konfliktlösung Emission

Dieser Punkt lässt sich nicht so einfach lösen. Abhilfe schaffen könnte hier nur eine Verkehrsberuhigung der Sandstraße oder eine Schallschutzmauer. Da die Sandstraße zu den Hauptstraßen Siegens gehört, ist eine Verkehrsberuhigung über das aktuelle Maß hinaus (Verbot für LKWs) sicher nicht so einfach möglich.

Gegen den Bau einer Schallschutzmauer spricht zum einen eine gestalterische Seite als auch, dass dies entgegengesetzt der Verbesserung des Sicherheitsgefühls wirken würde. Nutzerwunsch war schließlich eine Erhöhung dessen, welches mit der Öffnung der Baumreihen erzielt werden soll, um die Blickbeziehung zwischen Straße und Platz zu verbessern. An dieser Stelle muss eine Abwägung erfolgen, welches Gut höher zu bewerten und somit wichtiger ist.

Entsprechend der Häufigkeit der Nennung „Sicherheit verbessern" während der Befragung, scheint dies für die Nutzer wichtiger zu sein und somit wird die Lichtung der Baumreihen dem Bau einer Schallschutzmauer vorgezogen.

Konfliktlösung Belebung

Unter dem Punkt Belebung wurde der Wunsch nach Festen und Veranstaltungen wie z.B. Quartiersfeste zusammengefasst. Durch die vorhandene große Wiese ist die Möglichkeit solche hier abzuhalten durchaus gegeben. Gegen die feste Installation eines Pavillons, wie im Schlossgarten am oberen Schloss, spricht, dass so ein großer Teil der momentan vielfältig nutzbaren Wiesenfläche wegfallen würde. Eine temporäre Installation wäre aber sicherlich denkbar.

7.1.2 Oranienpark

Während am Bertramsplatz die bisherige Einteilung größtenteils übernommen wurde, da sich einige gute Ansätze erkennen ließen, wurde der Oranienpark komplett überarbeitet. Lediglich der Baumbestand sowie die vorhandenen Wege dienten als Anhaltspunkt und wurden erhalten.

Konfliktlösung Nutzer

Im Gegensatz zum Bertramsplatz sollte im Oranienpark eine offenere Lösung bei der Gestaltung und der Einbindung der sozialen Randgruppen erfolgen. Dies gründet sich zum einen auf der Form des Platzes, der sich wie ein Schlauch zwischen zwei Straßen spannt, zum anderen auch auf bereits getätigten Vorarbeiten. Einige der Bäume im Park wurden zurück geschnitten, um den Wünschen der Anwohner nach mehr Sicherheit Rechnung zu tragen. Diese beklagten, dass sich durch die vielen Bäume Angsträume bilden würden, da sie die Einsicht in einige Bereiche erschweren. Durch den Rückschnitt ist es nun möglich, direkte Einsicht zu nehmen wer sich im Park aufhält. Dies machte es schwieriger eine Einteilung zu finden, bei der es zu einer Verbesserung des Platzes kommt und er wieder anziehender für weitere Nutzer wird, obwohl ein fester Treffpunkt für die Trinkerszene eingerichtet wird.

Platzeinteilung

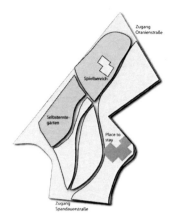

Orientiert zur Oranienstraße, bildet der Mehrgene-rationen- Spielplatz den Eingang des Oranienparks. Gegenüber bleibt ein Wiesenstück, welches im Sommer als Liegewiese genutzt werden kann. Oberhalb des Spielplatzes schließen die Selbstern-tegärten mit Flach- und Hochbeeten an. Der Be-reich für die Trinkerklientel bleibt an der Stelle, der auch aktuell von der Szene genutzt wird erhalten, wird aber mehr definiert.

Abbildung 53 Einteilung Oranienpark (Salzmann 2012)

Konfliktlösung Ausstattung

Wie auch am Bertramsplatz, war eines der grundlegenden Probleme die Beschaffenheit der Wege, die durch den Park führten. Diese bestehen lediglich aus verfestigter Erde und sind so gerade bei schlechter Witterung für Gehbehinderte kaum passierbar. Eine Verbesserung wird auch hier durch die Verwendung von Rollstuhl- sowie Rollator-freundlichen Materialien erreicht, auch wenn dies zu einer Flächenversiegelung führt.

Besondere Aufmerksamkeit kam der Neugestaltung des Spielplatzes zu. Während die einzelnen Bestandteile sicherlich noch mit den zukünftigen Nutzern abgestimmt werden sollten wäre an dieser Stelle ein Mehrgenerationenspielplatz denkbar. Dieser könnte von den Kindern des Kindergartens Christofferwerk e.V. und den Bewohnern des neuen Seniorenheims genutzt wird.

Abbildung 52 Mehrgenerationenspielplatz (Grömitz 2012)

Abbildung 53 Boulefeld (Grömitz 2012)

Abbildung 56 Stretchingfeld (Grömitz 2012)   Abbildung 57 Kinderspielplatz **(Grömitz 2012)**

Neu angelegt wird ein Selbsterntegarten. Dieses wird von der Stadt angelegt und anschließend in Patenschaften übergeben. Hier können die Nutzer nicht nur eigenes Gemüse und Kräuter anpflanzen, auch bietet der Garten einen Lebensraum für viele Insekten und hilft somit dem ökologischen Gleichgewicht, welches in der Stadt oft verloren geht. Auch hier wäre denkbar, dass es zu einer Kooperation mit dem Kindergarten sowie dem Seniorenheim kommen könnte. So könnten Jung und Alt sich um die Bepflanzung und Pflege einzelner Abschnitte der Beete kümmern. Für die Älteren können Hochbeete eingesetzt werden die es ermöglichen im Sitzen und Stehen daran zu arbeiten.

Durch die Anlage solch eines Beetes wird außerdem für eine ständige Belebung des Oranienparks gesorgt da regelmäßig Nutzer vor Ort sind um an den Beeten zu arbeiten was wiederrum das allgemeine Sicherheitsgefühl stärkt.

Abbildung 58 Kräutergarten (Rapps 2012)   Abbildung 59 Selbsterntegarten (Wien 2012)

Um das Sicherheitsgefühl der Nutzer der Anlage vor allem auch in den Abendstunden zu stärken, wird entlang der Wege und auch in den einzelnen Bereichen des Oranienparks verstärkt Beleuchtung integriert.

Abbildung 60 Parkbeleuchtung (HAWK 2012)   Abbildung 61 mögliche Beleuchtung (Kölbach 2012)

Die stark heruntergekommenen Bänke werden ausgetauscht und auch neu angeordnet. Eine Sitzgruppe am Spielplatz, Bänke am Rand der Beete sowie der freien Wiese und am Eingang Spandauerstraße sollen nun wieder zum Verweilen einladen.

Wie eingangs geschrieben, wurde der Baumbestand, soweit er sich nicht mit der Neuplanung überschnitt, beibehalten.

Konfliktlösung Emission

Der größte Emissionsfaktor im Oranienpark ist der von der Spandauerstraße ausgehende Lärm. Da sich dieser nicht vermeiden lässt, wurden die ruhigeren Nutzungen und vor allem die hauptsächlich von Kindern genutzten Aktionsflächen in dem Teil der Anlage platziert, welcher sich zur Oranienstraße orientiert. Diese ist weitaus weniger befahren und somit geht von ihr auch weniger Lärmbelästigung als von der Spandauerstraße aus.

Konfliktlösung Belebung

Wie auch am Bertramsplatz wurde sich von den befragten Nutzern eine Belebung der Anlage gewünscht. Abgesehen von der Belebung durch eine erwartete Mehrnutzung des Oranienparks durch die Neugestaltung, bietet die freie Rasenfläche auch die Möglichkeit für Veranstaltungen und einer zumindest temporären Installation eines Pavillons oder ähnlichem. Gegen eine dauerhafte Einrichtung spricht, dass der sich daraus ergebene Unterstand eventuell ebenfalls von der Trinkerklientel genutzt werden könnte, welche sich dann in direkter Nähe des Spielplatzes aufhalten würde. Es ist davon auszugehen, dass der Spielplatz dann größtenteils ungenutzt bleiben könnte, da Eltern sich gegen eine Nutzung durch ihre Kinder aussprechen könnten. Auch die erhoffte Nutzung

85

durch die Kindergartenkinder könnte davon negativ beeinflusst werden ebenso wie die von den Bewohnern des Seniorenheims da diese sich von der Klientel bedroht fühlen könnten.

7.2 planerische Gestaltung

Die nachfolgenden Pläne zeigen die Umsetzung der vorher beschriebenen und bereits teilweise dargestellten Gestaltungsideen.

1. Bertramsplatz
2. Oranienpark

8. Schluss

8.1 Zusammenfassung und Fazit

Der öffentliche Raum, bestehend unter anderem aus Straßen und Plätzen, Grünflächen und Parks, kann auch als Blutkreislauf einer Stadt bezeichnet werden. Rein theoretisch hat hier jeder Zutritt, auch wenn sich dies in der Geschichte nicht immer als zutreffend gezeigt hat. Heutzutage jedoch treffen im öffentlichen Raum die verschiedensten Nutzer zusammen, die irgendwie miteinander auskommen müssen. Im Vorbeigehen auf der Straße ist dies kaum ein Problem, schwieriger wird es, wenn es um den Aufenthalt auf einer der wenigen innerstädtischen Freiflächen geht. Ansammlungen von sozialen Randgruppen, im Fall dieses Textes vor allem Trinker und „Junkies", sorgen für Unmut in der Bevölkerung. Ziel der Studie war es, im innerstädtischen Bereich Siegens zwei Plätze so zu gestalten, dass sich möglichst alle Nutzergruppen dort aufhalten können und auch wollen. Das besondere Interesse lag hierbei in der Einbindung der sozialen Randgruppen. Die Grundlagen zum Thema öffentlicher Raum und dessen Nutzer, die wichtig sind um ein Grundverständnis für die zu Anfang gestellten Frage zu bekommen, wurden durch zahlreiche Literatur- und Quellenrecherche ermittelt und dargestellt.

Zur Beantwortung der gestellten Frage wurden zwei innerstädtische Freiflächen in Siegen ausgewählt und analysiert. Dies erfolgte zum einen anhand einer städtebaulichen Analyse und zum anderen durch eine empirische Untersuchung. Für diese Untersuchung wurde eine qualitative Vorgehensweise gewählt, da man durch diese freier mit der Thematik umgehen konnte. Als Datenerhebungsmethoden wurden die der unstrukturierten, offenen, passiv teilnehmenden Beobachtung und die der Befragung in Form eines problemzentrierten Leitfadeninterviews gewählt, anhand dessen sowohl Nutzer der untersuchten Flächen als auch Sozialarbeiter zur Situation befragt wurden. Die Auswertung der Interviews, erfolgte nach einer der Studie angepassten Methode, auf Grundlage der von LAMNEK vorgeschlagenen Vorgehensweise zur Auswertung qualitativer

Interviews. Dadurch ergaben sich vier Kategorien in die die Ergebnisse eingeteilt wurden.

Im empirischen Teil werden die beiden ausgesuchten Freiflächen detailliert analysiert und vorgestellt sowie die erhaltenen Antworten der Befragungen und Beobachtung aufbereitet und sowohl grafisch wie auch schriftlich entsprechend ihrer Kategorieeinteilung dargestellt.

Die daraus resultierenden Ergebnisse und Schlussfolgerung führten zur erfolgreichen Beantwortung der Frage dieser Studie. So konnten Vorschläge zur Neugestaltung und Einrichtung des Betramsplatz und des Oranienparks gemacht werden, die auf die Wünsche und Vorstellungen der verschiedenen Nutzergruppen eingehen und diese umsetzen. Auch die Integration der sozialen Randgruppen konnte planerisch und gestalterisch umgesetzt werden

So wie für diese Studie Anregungen und Lösungsansätze aus anderen Städten und Gemeinden recherchiert wurden, lassen sich auch die in der vorliegenden Studie erzielten Ergebnisse teilweise auf andere Plätze übertragen. Jedoch kann dies sicherlich nicht 1:1 geschehen.
Auch wenn die grundsätzlichen Ansprüche von Nutzern an den öffentlichen Raum zumeist die gleichen, sind unterscheiden sie sich natürlich stark je nach vorhandener Gegebenheit. Auch hängt die Gestaltung eines Platzes oder einer Fläche davon ab, welche Nutzergruppen vorhanden sind, d.h. für wen denn geplant wird.

8.2 Ausblick

Niemand kann im Vorhinein wissen, ob die geplante Fläche auch angenommen wird. Die Vergangenheit hat zwar gezeigt, dass die Akzeptanz höher ist, wenn die zukünftigen Nutzer mit in die Planung einbezogen werden, wie sie sich aber im konkreten Fall verhalten, das kann keiner sagen. Vor allem die geplanten Flächen für die sozialen Randgruppen sind ein ‚Risikofaktor'. Auch wenn die erfolgte Voruntersuchung ergab, dass solche Plätze von der betroffenen Gruppe gewünscht sind, kann unter anderem wechselnde Gruppendynamik dazu führen, dass sie plötzlich doch nicht wahrgenommen werden. Dementsprechend ist es ratsam, die Nutzung zu kontrollieren und im Nachgang auch zu evaluieren.

Ebenso könnte es ratsam sein, über die Einrichtung eines Trinkerraums nachzudenken. In den Gesprächen mit Sozialarbeitern wurde deutlich, dass sich viele gar nicht für betroffen halten, in dem Sinne, dass sie Hilfe in Anspruch nehmen könnten. „Ich bin nicht so wie die, ich bin doch kein Trinker." Dies ist eine häufige Antwort, die gegeben wird, wenn man die Menschen aus der Szene auf Hilfsangebote hinweist. Wie sich in den Städten, die Trinkerräume anbieten gezeigt hat können Hilfen dort unterschwellig angeboten werden und man kommt so auch mit den Personen ins Gespräch, die eine offensichtliche Hilfseinrichtung nicht aufgesucht hätten.

Im Zuge der Recherchen für die vorliegende Studie wurde die Aufmerksamkeit auch auf weitere Probleme der sozialen Randgruppen gelenkt, die aber in dem hier behandelten Zusammenhang nicht berücksichtigt wurden. Ein massives sind die Belange der Drogenszene. Da sich diese vornehmlich in Siegen- Weidenau aufhält, wurde sie nur am Rande mit einbezogen, wie durch den Vorschlag weitere Spritzenautomaten und Entsorgungsbehältnisse zu installieren. Inwiefern es sinnvoll sein kann weiter Angebote wie z.B.: eine Fixerstube, zu schaffen könnte eine mögliche Folgeuntersuchung sein.

Die erhoffte Wirkung dieser Studie beruht darauf die Klientel verträglich in den städtisch qualifizierten, öffentlichen Raum zu integrieren, sodass sie sich parallel mit anderen Nutzergruppen an einem Ort aufhalten können. Falls dies ausbleibt und es sich zeigt das andere Gruppen diese Orte nun meiden oder aber auch die Szene sich neue Plätze sucht wäre es möglicherweise ratsam zu überlegen welche Flächen sich im Stadtgebiet noch finden lassen die vielleicht aktuell eher als Restflächen angesehen werden und keiner Nutzung unterliegen an denen man die Szene ansiedeln könnte.

D. Literatur- und Quellenverzeichnis

Literaturquellen

Atteslander, Peter. *Methoden der empirischen Sozialforschung.* Berlin, 2006.

Carr, Stephen. *Public Space.* Cambridge, 1992.

Dr. Behling, Klaus. „Anforderungen an die Profile und den Einsatz von Bodenindikatoren im öffentlichen Raum." 2009.

Fürstenberg, Friedrich. „Randgruppen in der modernen Gesellschaft." *Soziale Welt Nr. 16*, 1965: 237.

Gläser, Jochen, und Grit Laudel. *Experteninterviews und qualitative Inhaltsanalyse als Instrumente rekonstruirender Untersuchungen.* 2004.

Gordon, Raymond L. *Interviewing. Strategies, techniques and tactics.* Homewood, 1975.

Haass, Heinrich Prof.Dr. „Nutzungsanforderungen an siedlungsnahe Erholungsräume." *DBZ*, Dezember 1997: 293.

Harlander, Tilman, und Gerd Kuhn. *Renaissance oder Niedergang? Zur Krise des öffentlichen Raums im 20. Jahrhundert.* Dortmund, 2005.

Helfferich, Cornelia. *Die Qualität qualitativer Daten.* 2009.

Jacobs, Jane. *Tod und Leben großer amerikanischer Städte.* 1963.

Lamnek, Siegfried. *Qualitative Sozialforschung.* Weinheim, Basel, 2010.

Mayring, Philipp. *Qualitative Sozialforschung.* Weinheim und Basel, 2002.

Moers, Stadt. „Die seniorengerechte Stadt-Lebensqualität und die Gestaltung von Lebensräumen in der Stadt." Ratsbeschluss, Moers, 2006.

Stadt Siegen, „Ordnungsbehördliche Verordnung über die Aufrechterhaltung der öffentlichen Sicherheit und Ordnung ." Siegen, 25. Mai 2011.

Stadt Zürich, Soziale Einrichtungen und Betriebe. *Sicherheit Intervention Prävention sip züri.* Zürich.

Tessin, Wulf. *Freiraum und Verhalten.* 2004.

Weischer, Christoph. *Sozialforschung.* Konstanz, 2007.

Internetquellen

Costanzo, David. *tz-online.de.* 16. Mai 2011. http://www.tz-online.de/aktuelles/muenchen/muenchens-problem-plaetze-tz-1246680.html (Zugriff am 23. Dezember 2012).

e.V., Quartiersmanagement am Mehringplatz im Kunstwelt. *Quartiersmanagement am Mehringplatz.* 2012. http://www.qm-mehringplatz.de/wohn--und-lebensraum.html#a1452 (Zugriff am 10. Dezember 2012).

e.V., Stadtjugendring Siegen. *Blue Box Siegen.* 2012. http://www.bluebox-siegen.de/index.php/aktivitaeten/projekte/partizipation/meeting-points?showall=&start=1 (Zugriff am 10. Dezember 2012).

Großekemper, Tobias. *RuhrNachrichten.de.* 18. Oktober 2011. http://www.ruhrnachrichten.de/lokales/dortmund/Zu-Besuch-in-einem-Trinkraum;art930,1440379 (Zugriff am 22. Dezember 2012).

Hewener, Vera. *Soziologie der Randgruppen.* 27. September 1988. http://www.vera-hewener.de/html/body_randgruppen.html (Zugriff am 23. Dezember 2012).

Wikipedia. 26. September 2012. http://de.wikipedia.org/w/index.php?title=%C3%96ffentlicher_Raum&oldid=108538284 (Zugriff am 28. Oktober 2012).

Zürich, Stadt. *sip züri.* 2012. http://www.stadt-zuerich.ch/content/sd/de/index/arbeitwohnendrogen/gassenpraesenz/sip/angebot.html (Zugriff am 10. Dezember 2012).

—. *www.Stadt-Zuerich.ch.* Januar 2011. http://www.stadt-zuerich.ch/content/ted/de/index/taz/publikationen_u_broschueren/bevoelkerungsbefragungen.html (Zugriff am 25. November 2012).

Bildquellen

GmbH, Rapp's Kelterei. *rapps.de.* 2012. http://www.rapps.de/rapps_kelterei/natur-erlebnis-garten (Zugriff am 12. Dezember 2012).

Google. *Google maps.* 2012. maps.google.de (Zugriff am 5. November 2012).

Grömitz, Tourismus-Service. *Ostseebad Groemitz.* 2012. http://www.groemitz.de/kurpark.html (Zugriff am 21. Dezember 2012).

Grundstückspflege, Forst und. *my- gartenpflege.* 2012. http://www.my-gartenpflege.de/impressum.php (Zugriff am 17. Dezember 2012).

Imboden, Durant& Cheryl. *veniceforvisitors.com.* 2012.
http://www.google.de/imgres?q=foto+Piazza+San+Marco&hl=de&tbo=d&biw=1366&
bih=643&tbm=isch&tbnid=YlQhfim1BzBsrM:&imgrefurl=http://europeforvisitors.com
/venice/articles/basilica-di-san-
marco.htm&docid=y8ZQ4JBEElYYNM&imgurl=http://europeforvisitors.com/venic
(Zugriff am 28. Oktober 2012).

Jacob, Thomas. *der kleine Garten.* 2012.
http://www.derkleinegarten.de/400_ideen/490_kraeutergarten/hochbeet.htm (Zugriff am
15. Dezember 2012).

Kölbach, Helmut. *Stadtpanoramen.* 2012.
http://www.stadtpanoramen.de/bielefeld/bielefeld_2.html (Zugriff am 23. Dezember
2012).

Kunst, Hochschule für angewandte Wissenschaft und. *Hochschule für angewandte
Wissenschaft und Kunst.* 2012. http://www.hawk-
hhg.de/pressestelle/155643_160631.php (Zugriff am 23. Dezember 2012).

KUNSTKOPIE.DE. *Kunstkopie.* 2012. http://www.kunstkopie.de/a/canaletto-
2/piazzasanmarcolookingtowa.html (Zugriff am 27. Oktober 2012).

Salzmann, Diana. Siegen, 2012 eigene Fotografien

University of Oregon. *The interactive Nolli map website.* 2005.
http://nolli.uoregon.edu/default.asp (Zugriff am 9. November 2012).

E. Anhang

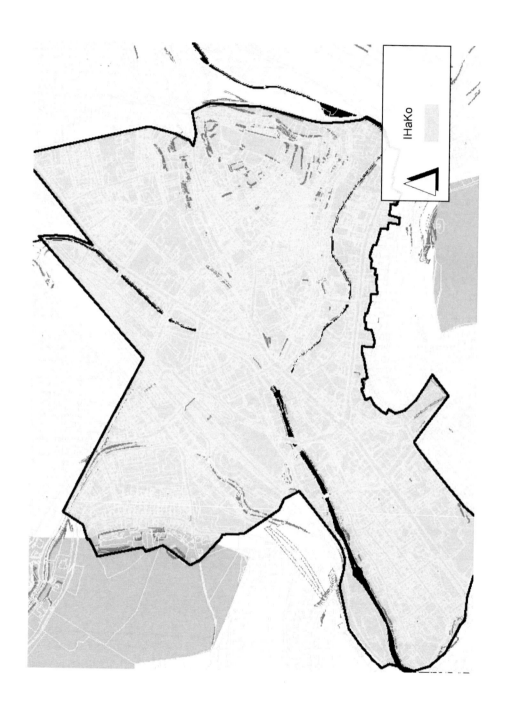

IHaKo

Freiräume in der Siegener Innenstadt

Grünflächen

Potentialfläche

umgrenzung Innenstadt

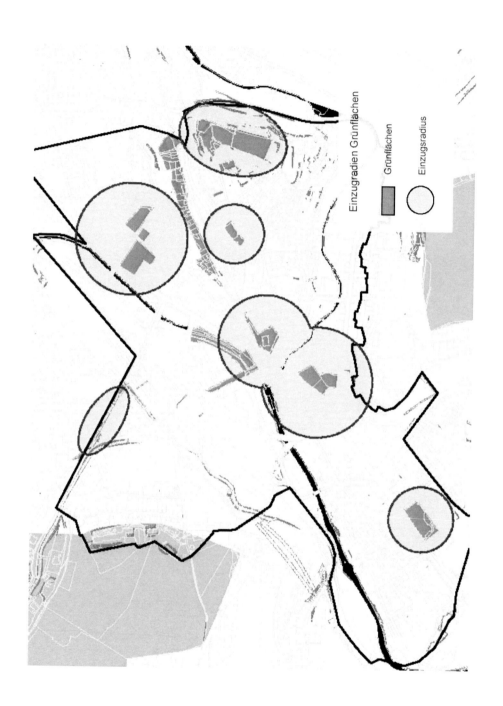

Einzugradien Grünflächen

Grünflächen

Einzugsradius

Aufenthaltsflächen
Klientel

5. Bilder Bertramsplatz

6. Bilder Oranienpark

Problemzentriertes Leitfadeninterview mit den Nutzern

Diana Salzmann/ Universität Siegen/ Stadt- und Regionalplanung

Nutzergerechte Gestaltung von Freiräumen in der Siegener Innenstadt

---

Block 1- Einstiegsfragen

Nutzergruppe/ Alter/ Beschäftigung

Wie lange leben sie schon in Siegen/ in dieser Gegend?

Block 2- zu dieser Anlage

Wie häufig nutzen sie diese Anlage und wozu?

Was gefällt ihnen an dieser Anlage?

Und was nicht?

Block 3- Verbesserungen

Welche Verbesserungen würden sie sich wünschen/ könnten sie sich vorstellen?

Würden sie die Anlage häufiger nutzen wenn sie nach ihren Wünschen verbessert wäre?

Welche anderen Anlagen nutzen sie und warum?

Block 4- zu den sozialen Randgruppen

Wie empfinden sie die Anwesenheit von Nutzern sozialer Randgruppen?

Könnten sie sich mit ihnen arrangieren?

Haben sie Probleme mit Nutzern aus sozialen Randgruppen beobachtet?

Hatten sie selbst einmal Probleme mit diesen Nutzern?

Wenn ja welcher Art?

Ende

Danke

Abschluss

Problemzentriertes Leitfadeninterview mit Sozialarbeitern/Verwaltung

Diana Salzmann/ Universität Siegen/ Stadt- und Regionalplanung

Nutzergerechte Gestaltung von Freiräumen in der Siegener Innenstadt

---

Block 1- Einstiegsfragen

Was ist ihr Aufgabenbereich?

Seit wann arbeiten sie hier?

Block 2- zu den sozialen Randgruppen

Wie groß ist der Personenkreis?

Welcher Art sind die Personen (Obdachlos, Alkohol, Drogen…)

Wo halten sie sich bisher zumeist auf?

Block 3- Probleme mit den soz. Randgruppen

Welche Probleme gibt es mit den sozialen Randgruppen?

Probleme mit anderen Nutzern?

Wie wurde dem bisher begegnet?

Block 4- Verbesserungen

Welche Verbesserungen würden sie sich wünschen/ könnten sie sich vorstellen?

Welche Unterstützung wäre dafür notwendig?

Ende

Danke

Abschluss